Virginie D

La mère parfaite est une mytho ! 2

… et son mec est pire !

La vérité enfin révélée sur l'imposture internationale du mythe de « l'homme parfait »

Éditeur : Stéphane Chabenat
Suivi éditorial : Clotilde Alaguillaume
Mise en pages : Marion Alfano
Conception couverture et dessins :
MaGwen

Les Éditions de l'Opportun
16 rue Dupetit-Thouars
75003 Paris

www. editionsopportun.com

Imprimé en France par CPI en novembre 2016
ISBN : 978 2 36075 426 7
Dépôt légal : novembre 2016
N° d'impression : 2026817

À l'Amour de ma vie

Introduction

Nous, les femmes, on croit toutes au mythe de l'homme idéal : le mec parfait, beau, sexy, romantique, ou peut-être un bad boy, mais avec un cœur de gros tendre au fond, que nous seule arriverions à faire craquer... Il serait amoureux, fidèle, généreux, intelligent, une bombe au lit, un fin cuisinier, viril sans être macho, sensible sans être une mauviette, stylé sans être narcissique, galant sans être séducteur avec les autres femmes, bref, nos copines seraient jalouses à mort et nous on serait la plus heureuse et épanouie du monde *and ever and ever* !!!
Et puis, on l'imagine très très bien avec le physique de David Beckham, de Daniel Craig ou de Bradley Cooper ou encore d'Ashton Kutcher, de George Clooney, Brad Pitt, Ben Affleck, Matt Damon, Leo-

nardo DiCaprio, Johnny Depp, Robert Pattinson, Simon Baker, Mark Wahlberg, Channing Tatum, Jesse Williams (le sexy Dr Jackson Avery de *Grey's Anatomy* !), Shemar Moore (l'agent séducteur du FBI dans *Esprits Criminels*), Jude Law ou Richard Gere dans *Pretty Woman*... Ouh là là, emballement cérébral option « mec parfait » activé !

Quant aux qualités de l'homme idéal (alias Mr Perfect), après un petit sondage *tout à fait représentatif de la gent féminine auprès des amies de l'auteur*, voici les qualités exigées pour le poste :

✓ un mec qui aura de l'humour, de la joie de vivre et qui saura s'impliquer dans son rôle de père ;

✓ un homme qui comprenne la sensibilité féminine ;

✓ un homme rassurant, drôle, passionné, galant, cultivé, intelligent, sensuel mais sauvage, qui s'impose aussi (pitié, pas un mec qui dit amen à tout !) ;

✓ un mec qui sait manier l'ironie (avec parcimonie) ;

✓ un homme à l'écoute, attentionné, gentil et généreux ;

✓ un homme complice, drôle, ambitieux et franc ;

✓ un homme sur qui on peut compter, qui ne nous laissera pas en plan galère et qui partagera un minimum les tâches de la maison ;

- ✓ un homme qui nous remonte le moral quand nous en avons besoin et qui voit tout de suite si quelque chose ne va pas ;
- ✓ un mec sur qui on peut se reposer, mais pas trop possessif non plus ;
- ✓ un mec compréhensif, à l'écoute, intelligent, bon danseur, bien habillé, généreux, surprenant ;
- ✓ un mec intéressé par les expos, la culture et les voyages ;
- ✓ un mec fort, robuste, les épaules carrées, toujours là pour nous, aimant, protecteur et de bon conseil ;
- ✓ un homme qui fait à manger le soir, qui range le linge quand la panière est pleine à craquer, bref qui aide un peu quand on est dans le jus ou qu'on est crevée !
- ✓ un homme qui a des petites attentions comme de la tendresse (mais pas à 23 h... !!) ;
- ✓ un homme qui s'occupe de lui et qui nous met en valeur ;
- ✓ un homme fidèle, honnête et respectueux, tout en étant bien sûr terriblement sexy !

Remplir ici vos propres critères pour l'homme parfait :

- ....
- ....
- ....
- ....
- ....
- ....
- ....
- ....
- ....
- ....
- ....
- ....
- ....

OK, nous sommes d'accord pour constater que la liste est loooongue... Et peut-être pas très réaliste ? (On me fait signe que « si »... ? ah... ?)
Oui, on y croit toutes, à ce mec parfait, mais la réalité est souvent bien plus terre à terre et, comment dire ? Avec plus de poils, de bedaine et moins de cheveux et de romantisme qu'on ne l'avait imaginé !
Car, désolée les filles, mais... le mec parfait, c'est un mythe !
Et si nous croyons au prince charmant, c'est à cause des contes de fées de notre enfance (*by the way,* merci Charles Perrault et consorts !) et aussi des blockbusters américains et autres comédies romantiques (qu'on adooooore regarder entre copines !!!).
Oui, on aimerait telllllllement que ce soit vrai, c'est certain, mais force est de constater que (presque) toutes les nanas se plaignent ou se sont plaintes un jour de leur mec. (On me refait signe que « non » ? *Hein ??!! Que celle qui s'est dégoté le mec parfait jette tout de suite ce livre sur plus malheureuse qu'elle !!!*)

Alors, pour éviter 10 ans d'analyse à essayer de comprendre « pourquoi je tombe jamais sur le bon ? » et autres questions qui n'auront jamais de réponse, *ce petit guide d'étude quasi scientifique du mâle pas parfait du tout* vous éclairera sur la **réalité vraie de l'HOMME**, que vous saurez enfin apprécier à sa *juste valeur*, et non plus idéaliser (pour ensuite pleurer, car il ne sera pas à la hauteur de vos rêves les plus fous) = On vous rend service, là ☺

Cet ouvrage va aller crescendo, depuis la rencontre avec Mr (pseudo-)Perfect jusqu'à la vie de famille qu'on a créée avec lui. Et nous allons découvrir cette grande imposture internationale qu'est le mythe de l'homme parfait !
Oui, on s'imagine souvent que l'herbe est plus verte ailleurs, que le mari de la voisine (ou celui d'Angelina Jolie, tant qu'à faire !) est mieux que le nôtre. Or il n'en est rien. Le mec parfait est comme la mère parfaite : une illusion. On ne peut pas être parfait tout le temps, c'est impossible et *ce n'est pas humain.*
Et finalement, c'est assez rassurant, non ?

AVERTISSEMENT DE L'AUTEUR

ATTENTION, ATTENTION...

Vous êtes susceptible de reconnaître VOTRE HOMME dans les deux catégories décrites plus bas dans cet ouvrage :
le « mec normal » ET le « mec parfait », you-houuuu !
Eh oui, *good news,* nous avons tous des défauts (dont on aime rire) et des qualités (c'est aussi pour cela qu'on les aime, nos hommes, n'est-ce pas ?!).
Si toutefois votre homme est quasi toujours dans « mec parfait », vérifiez votre vue, votre ouïe, bref vos 5 sens, car il est possible que vous soyez victime de vos défaillances, ce qui causerait de gros malentendus...
Ou alors non, oubliez, ne changez rien, c'est peut-être mieux comme ça !!! ☺☺☺

Et si votre homme est quasi toujours dans la catégorie « mec normal » (c'est-à-dire relou, chiant, macho, feignant, de mauvaise foi, égoïste... enfin vous avez saisi le concept je pense), eh bien c'est normal. Dans ce livre, on décortique tous leurs travers ; alors, si votre homme les a tous, c'est peut-être qu'il est très très très normal...

Réjouissez-vous : la normalité, ça soulage et ça permet d'être complices (puisque vous êtes normale, vous aussi, pas vrai ?) ☺☺☺

1

QUAND ON SORT AVEC L'HOMME

Idéalisation totale,
gobage de couleuvres gigantesques,
cœurs dans les yeux

C'est le bon (Youpi !!!!!!)

Au début de la relation, on adore rêver, s'imaginer ce mec parfait et penser que c'est LUI « le bon », l'homme de notre vie

On adore :

✓ les attentions surprises ;

✓ les petits SMS tendres ou coquins ;

✓ les premières fois magiques (ou nulles, mais dont on est persuadée que l'on rira encore dans 20 ans !).

C'est lui, c'est sûr !

✓ il nous manque tout le temps ;

✓ on sourit bêtement en pensant à lui ;

✓ on rêve de mariage, d'enfants.

Il nous le prouve :

✓ il dit « nous » au lieu de « je » ;

✓ il s'est privé de match de foot ce soir (ou de soirée copains) pour NOUS voir ;

✓ il nous a offert nos fleurs préférées ;

✓ il nous a tenu la porte/offert son briquet/payé l'addition.

OK, le mec parfait, c'est lui !
Pour l'instant, il rivalise avec Brad Pitt et James Franco !
Voyons s'il tient la comparaison avec des mythes ☺

Conseils de copines pour ne pas faire fuir un homme !

(plus ou moins applicables)

Ne pas lui répertorier les qualités de nos ex (et de manière générale : **NE PAS LUI PARLER DE NOS EX** !).

Ne pas refuser d'apprécier son repas parce qu'on est au régime (une seule solution : mentir ! Notre ligne « svelte » est **NATURELLE**).

Ne pas refuser une invitation parce qu'on va chez maman (trop la honte).

Les 10 #fails du premier rencard

(first date pour les initiées !)

1/ se raser les jambes et se couper => arriver au RV en leggings pour cacher les coupures, le sang, tout ça... alors qu'on est en plein mois de juillet ;

2/ réaliser juste avant de partir qu'on avait oublié de s'épiler les sourcils => arriver devant le mec avec de gros points rouges là où on a élégamment arraché les poils... et réaliser que le type ne mate que ça dans tout notre visage ;

3/ craquer complètement à cause d'un coup de foudre intersidéral et réaliser alors, juste au moment de l'action, qu'on ne s'est pas épilée… depuis 2 mois ;

4/ s'abstenir, du coup, et passer pour une allumeuse… ou une coincée (qu'est-ce qui est le pire ??) ;

5/ tant pis, vous foncez, mais sous la couette et avec tous vos poils vous passez pour une grosse négligée (pas sûr qu'il rappelle, on espère pour vous que c'était bien !) ;

6/ avoir ses règles ce jour-là, pourquoi pas au beau milieu du RV, alors que vous êtes en pantalon blanc immaculé et bien sûr sans aucune « protection intime » sur vous ?! (On a dit #fail, c'est un gros gros fail, ça !!!) ;

7/ réaliser en rentrant chez soi qu'on avait un truc coincé dans les dents. Depuis ce matin. (Oui, on a reconnu un morceau de céréales au chocolat, nos préférées) #lahonte ;

8/ on a une migraine de dingue (surtout quand ce type nous parle, ça nous lance encore plus, on doit absolument partir immédiatement prendre nos médicaments antimigraineux) #ausecours ;

9/ avoir de belles marques d'auréoles sur notre joli petit chemisier bleu, sous les bras ! Oups, on a oublié de mettre un coup d'antitranspirant dans la précipitation... #alertedéo ;

10/ oublier d'y aller, se tromper de date ou d'heure, de ligne de métro... un vrai fail quoi ! #actemanqué !

La question qui fâche

Que faire si l'homme est radin ?

Il n'y a pas 36 solutions, car cette tare est irrémédiable, incorrigible et vraiment pas sexy, **alors... FUYEZ !!!**

Le mec parfait, lui, est très galant et gentleman. Jamais au grand jamais, il ne ferait preuve de radinerie ! Quel mot vulgaire d'ailleurs ! (Au pire, il serait peut-être légèrement économe, ou bien prévoyant, c'est encore mieux !)

La malédiction…
… des roses

(plutôt fanées) proposées (enfin, balancées sous votre nez) au restaurant

Elles mettent tout le monde dans l'embarras, en réalité ! **Non, c'est interdit d'en avoir envie !** Sérieusement, elles doivent traîner dans les bars et restaurants depuis au moins 12 h et n'ont sans doute pas vu la moindre goutte d'eau depuis… On ne sait même pas d'où elles sortent, d'ailleurs !

Plusieurs options :

1. Le mec se sent obligé et vous vous sentez nulle, dévalorisée.

2. Le mec ne fait rien ou refuse et se sent radin et nul (du coup, vous aussi devenez mal à l'aise).
3. Le mec parfait pourrait acheter tout le bouquet, pour vous impressionner... mais, avouons-le, vous méritez mieux que ça ! Une jolie fleur, mais choisie pour vous (et pas imposée dans un resto chinois).

Évidemment, le mec parfait ne sera même pas importuné par le vendeur de fleurs pourries pour deux raisons :

- ✓ déjà, il vous aura invitée dans un lieu où ces pratiques n'ont pas cours...
- ✓ et ensuite, même si c'était le cas, il vous aura accueillie avec un bouquet charmant et odorant, de quoi faire déguerpir de honte n'importe quel vendeur de fleurs pourries !

(Bon point pour le mec normal : s'il n'est pas riche, ce n'est donc pas de sa faute ! Bon, OK, il pourrait vous offrir une rose, mais il a peut-être eu peur de passer pour un ringard...)

Conseils de copines pour ne pas faire fuir un homme !

(plus ou moins applicables)

✓ Ne pas coucher le premier soir, comme ça on verra s'il rappelle !

✓ Ne pas lui parler mariage ni enfants le premier soir (alerte, mon horloge biologique prend le contrôle de ma personne, SOS, may day, may day).

✓ Ne pas boire un demi de bière *cul sec* (c'est moche et ça peut provoquer des remontées d'air, si vous voyez ce qu'on veut dire).

Version originale sous-titrée

Elle propose :
« Ça te dit de monter prendre un café ? »

Elle veut dire :
« Un doux baiser sur mon canap',
ça me dit bien ! »

Il comprend :
« Nickel, l'affaire est dans le sac ! »

La malédiction...
... du David Copperfield

Explication : cette malédiction porte le nom d'un grand magicien des années 1990 (et faux mari de Claudia Schiffer, mais c'est une autre histoire, quoique...).

Il s'agit d'un tour de magie très répandu !

Le mec que vous croyiez parfait a eu droit à vos faveurs et, zou, il a disparu ?
Pas d'appel, pas de texto, pas de mail, pas de Messenger, ni de Snapchat, ni de WhatsApp, rien de rien de rien ???

OK, alors on va vous apprendre une mauvaise nouvelle : vous vous êtes fait avoir et il y a même un nom pour ça !
Ça s'appelle *être victime d'un David Copperfield,* que l'on pourrait traduire par un moins élégant « *Je te saute et je disparais* » !

Voilà.
Dommage.
Ça arrive même aux meilleures.

#Next !!!!

Témoignage d'une courageuse anonyme*

« Le premier rencard avec mon mec a été un véritable fiasco. J'ai bu plus que de raison, je ne sais même plus ce que je lui ai raconté en fait… Bref, je sortais d'une relation tumultueuse et j'avais besoin de fraîcheur, de légèreté, de ne surtout pas me prendre la tête ! Mais toutes mes résolutions du style "reste énigmatique", "écoute-le, parle peu"… sont parties en fumée au 3e verre de téquila. Il a dû me ramener chez moi, j'ai vomi dans le lit (oui, vous avez bien lu, j'ai encore honte aujourd'hui !!), et on n'a rien fait d'intime bien sûr

**Chaque témoignage provient d'une femme différente, mais l'anonymat la protège de futures éventuelles disputes conjugales liées à ce qu'elle balance !*
#SolidaritéFéminine

(après ça, comment voulez-vous ?!). Au final, il m'a vue dans mes pires moments et il est resté ! Cela va faire 3 ans qu'on est en couple et on est même fiancés ! Qui dit mieux ??? »

La malédiction…
… des règles*

La malédiction féminine par excellence !…

Problème : aujourd'hui, on a enfin compris que nous étions pour la plupart, de quelques jours avant jusqu'à la fin parfois de ladite période, sous le coup des hormones (= ce n'est pas notre faute).

Il y a même le terme américain de PMS : *pre-menstrual syndrom* (traduit en français, ça donne SPM : syndrome prémenstruel, tout de suite moins glamour).

**Oui, ce mot est moche, mais les autres sont pires, désolée ! Qui veut entendre parler de menstruations, sérieusement ??!!*

Cela inclut douleurs, sautes d'humeur..., bref, on n'est pas dans nos meilleurs jours, quoi ! (sans compter le ventre ballonné et les boutons sur la figure). Oui, on est exécrable et de mauvaise foi, et alors ? Oui, on pleure pour un rien, et alors ?

C'EST PAS NOUS, C'EST NOS HORMONES !!!
C'EST LA NATURE, QUOI !!!

Alors, foutez-nous la paix et attendez que ça passe.

✓ Quand sa copine a ses règles, le mec parfait est adorable, il va faire chauffer une bouillotte et pense à passer à la pharmacie lui acheter 2 boîtes de Spedifen et de Spasfon.

✓ Bien évidemment, il n'est pas du genre à demander une gâterie à sa dulcinée « parce qu'on peut rien faire pendant une semaine » !!!

✓ Et en plus, il fait à manger un truc bien régressif (genre coquillettes-jambon) et lance un film de filles (genre comédie sur des meilleures copines).

OK, IL GAGNE.

Citation

À MÉDITER

« Vous avez de la chance qu'on
vous aime
Avec une autre, ce serait pire... »

(Stromae, *Tous les mêmes*)

La question qui fâche

Que faire avec un mec mal habillé ?

Il est mignon, sympa, vous sentez le feeling passer entre vous, mais bim ! catastrophe, il a un look de merde. Genre il vous fiche la honte au McDo, chez Leclerc, ou même en sortant le chien : bref y'a du boulot !!! C'est tout à votre honneur de ne pas le rejeter pour cette seule question d'apparence, modifiable qui plus est. Reste à savoir de quelle manière...

En subtilité ? = en remplissant petit à petit ses tiroirs de nouvelles fringues plus stylées ?

En frontal ? = genre « Surprise ! Je t'ai inscrit à l'émission de Cristina Cordula » ???

À voir suivant votre degré de tolérance : les chemises à fleurs, les dreadlocks, la barbe fournie façon Père Noël, les cheveux longs jusqu'aux reins..., c'est à vous de négocier avec lui selon vos goûts et les siens (bonne chance) !!!

Le mec parfait a toujours été parfait. Il n'a pas connu d'âge ingrat, il lui suffit de passer 5 minutes dans la salle de bains le matin pour en ressortir propre, parfumé, coiffé-décoiffé, bref à tomber par terre !

Une fois habillé, c'est pareil : il est toujours nickel, en toutes circonstances, du costume au jean en passant par le « pantalon d'appartement » ou la tenue de sport jamais ridicule sur lui.

(On demande à voir : transpirant et suant, c'est certain qu'il ne doit pas en mener tellement plus large que les autres...)

Citation

À MÉDITER

« Les mecs,
c'est comme les voitures :
ils n'ont pas toujours
toutes les options... »

Proverbe féminin

WTF
(what the fuck ?!)

Les 3 petits points qui clignotent lors d'une conversation par écrans interposés

Vous avez envoyé un SMS à votre nouvel amoureux. Vous attendez sa réponse immédiate, bien sûr ! Alors, vous fixez votre super Smartphone à la pomme (je n'ai pas dit à la noix).

Trop cool ! Il est en train de répondre car on voit les 3 points qui gigotent !

Et que ça gigote, et que ça gigote, bah dis donc, c'est fou, il nous pond un roman ! Sûrement une déclaration d'amour ?

Ou une invitation surprise en week-end ?

Alors, on va mettre quoi dans notre valise, attendez voir...

Ah bah rien.
Non, non, rien.
Les 3 points ne gigotent même plus.
Ils ont DISPARU !
Monsieur a commencé à écrire une réponse, et puis bim !
Il a tout effacé !
On vérifie encore. Rien.
Voilà.

Ça nous apprendra à attendre le nez sur le téléphone une réponse de notre mec !
(Qui visiblement a eu l'intelligence de décocher les options « accusé de réception » et « accusé de lecture », sinon il ne pourrait plus nous dire « J'ai pas reçu ton texto, je t'assure ».)

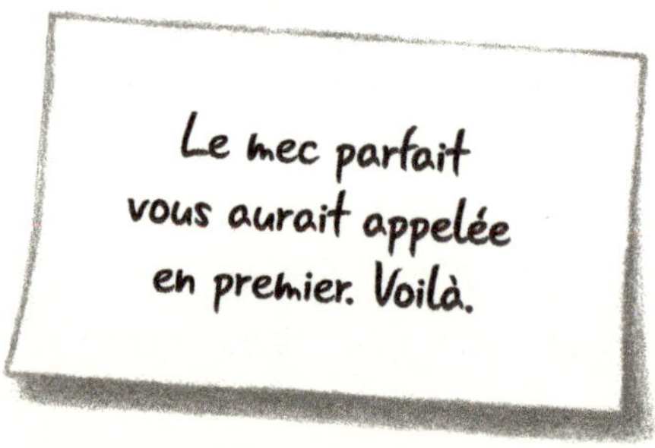

C'est quoi, son délire avec...

?

... les jeux (débiles) sur Smartphones ?!

Boom Beach, Candy Crush, Clash of Clans...
Si ces titres ne vous évoquent rien de particulier, vous avez de la chance !

Pour les autres, courage !

En effet, l'Homme a vite fait de devenir accro à ces jeux dont on ne comprend pas bien quand ça se termine (jamais, visiblement) et auxquels il « joue » pendant qu'on regarde un film en amoureux.
En amoureux, ça veut dire tous les deux, sauf que le village est attaqué, chef, il faut vite rappliquer

sur ta tablette ou ton Smartphone sinon tout le village va être détruit. **OH MON DIEU**, le mec devient neuneu avec ça !!!! Il ne sait même plus répondre à la question « Tu préfères des pâtes ou du riz pour le dîner ? ».

Ah oui, ça vide bien la tête, c'est certain !

Du coup, nous, on se retrouve toute seule sur notre bout de canapé avec un Homme qui dit « mais siiiii je regarde avec toi ». Une main vaguement posée sur notre cuisse pour faire genre « on est tous les deux ».

Résultat : il joue à un jeu où il perd ses neurones (et une nuit d'amour, tiens !) et nous, on se calfeutre dans le plaid, comme si on était seule. Ou alors on se fait les ongles avec le vernis qui sent hyper fort, non ? C'est une bonne idée, puisqu'on est toute seule ☺

Le mec parfait n'aurait pas l'outrecuidance de faire autre chose alors qu'il est en compagnie de sa dulcinée, voyons !

Il n'a, bien entendu, même pas connaissance de l'existence de ces jeux débilitants !

La question qui fâche

Que faire si l'homme n'est pas droit comme la justice ?
(attention, métaphore ☺)

- Après aide de votre part, puis discutage pour savoir si le souci est permanent ou juste question de degré d'alcoolémie et/ou de fatigue...
- Et si après questionnement il s'avère qu'il ne reste que les pilules bleues à même pas 27 ans...

Soit vous êtes amoureuse et c'est super, soit ce n'est pas le cas et alors...
FUYEZ !!!

C'est quoi, son délire avec...

... l'obligation d'être un cordon-bleu ?!

Sans doute très mal habitué par sa mère (voir chapitres suivants spécial belle-mère !), il ne semble pas apprécier des masses notre façon d'accommoder les boîtes de conserve ou les plats surgelés. Nous, on ne voit pas où est le problème ! On bosse autant que lui, on est déjà bien gentille de se mettre « aux fourneaux » pour ~~préparer~~ réchauffer un truc qu'on va ~~déguster~~ ingurgiter en matant une série devant l'ordi ou la télé. Non mais !!!

Le mec parfait cuisine lui-même et c'est délicieux ! Encore un peu de tagliatelles à la truffe accompagnées de leurs noix de Saint-Jacques rôties ?

(Et en dessert, c'est soufflé au chocolat avec son cœur de caramel au beurre salé... sans calories ! Si, si, c'est possible, c'est l'homme parfait qui l'a préparé ☺.)

Citation

À MÉDITER

« Vous les femmes,
vous savez d'instinct ce qu'il
y a de mieux pour votre foyer,
comment vous occuper
de la maison, du linge, de votre
mari, des enfants...
C'est dans vos gènes, inutile
de lutter contre... »

Un gros gros macho anonyme

Problème (pas complètement résolu)

Comment réussir à s'habituer à l'autre pour dormir ?

Surtout si on était habituée à dormir seule !
C'est une vraie gymnastique à avoir, de l'entraînement, beaucoup de temps passé à trouver la bonne position. En cuillères, la tête contre son torse, attention ça fait mal au bras, il a trop chaud, ou bien c'est nous, on colle nos pieds, il déteste, c'est froid !!!
Bref. Courage, vous allez y arriver, ce n'est qu'une question de temps.
Et par la suite, cette habitude va nous pourrir la vie : on ne pourra plus dormir SANS notre Homme !!!! **Quelle ironie** ☺

WTF
(*What the fuck ?!*)

Il sait pas conduire normalement ?!

Il a toujours rêvé d'être pilote de F1 (ou de ligne, on sait plus trop, on l'écoutait pas), du coup, pour faire le beau, il ne conduit pas, il « pilote » !
Il pense nous impressionner, mais on a juste envie de vomir à chaque virage !

On est polie, alors on sourit de toutes nos dents (qu'on serre bien bien fort). Au cas où.

Mystère masculin (élucidé !)

Pourquoi il ne rappelle pas ????

Vous avez passé une délicieuse soirée en sa compagnie, et vous vous attendez comme il se doit à ce que Monsieur vous rappelle afin de vous revoir, ce qui marquera de façon claire le début d'une relation à deux.

Vous êtes donc au taquet.
Lui : visiblement pas.

Mais pourquoi ???

Diverses possibilités de réponses se mélangent dans votre tête :

☑ Il a perdu son portable... et il a collé des affiches pour vous retrouver et...
☑ Il vous a menti : en fait, il se marie aujourd'hui et hier c'était sa dernière soirée de libre.
☑ Il a eu un accident qui l'a rendu totalement amnésique.
☑ On lui a volé son téléphone, le pauvre.
☑ Il n'a plus de batterie, suffit d'être encore un peu patiente.

Bon, alors voilà une vérité assez dure à entendre, mais qui est certainement la plus plausible des possibilités à imaginer : en général, si l'Homme ne rappelle pas, c'est tout simplement parce qu'il n'en a pas envie.
Voilà. C'est tout.

À vous de jouer maintenant :

✓ Ne pas rappeler
✓ Ne pas rappeler
✓ Ne pas rappeler
✓ Ne pas rappeler

TROP TARD !
Vous avez rappelé.
5 sonneries.
Répondeur.

Et maintenant, vous avez honte d'avoir bafouillé un message auquel vous avez encore moins de chances d'obtenir une réponse !

Ce n'était donc pas le mec parfait. Ouf !

La question qui fâche

Que faire si l'homme sent mauvais ?....

➜ Si malgré du parfum, du déodorant fraîcheur mentholée, des douches, du linge propre, son odeur vous ~~répugne~~ écœure toujours ???

Une seule solution, car vous ne pourrez pas supporter ça toute votre longue vie à deux. Alors...

FUYEZ !

ALERTE
tue-l'amour !

Leurs phrases qui tuent après l'amour

- Alors, heureuse ?
- Ouais, c'était pas mal !
- Et encore, j'me suis pas appliqué !
- Merci (et se retourne pour dormir).
- T'as jamais pensé à t'épiler intégralement ?
- Alors comme ça, tu es frigide ?
- Tu claqueras la porte en partant.
- ... (S'allume une cigarette dans le lit et allume la télé.)
- Par rapport à mon ex, c'est tellement... euh... différent !
- Je reviens, je dois appeler ma mère.

Version originale sous-titrée

Il dit poliment :

« Oui, je prends ton numéro et on verra… »

Il veut dire :

« Oui, je prends ton numéro et on verra… »

Elle comprend :

« Ouaiiiiiiis, c'est dans la poche !!! »

et pense déjà :

« Qu'est-ce que je vais mettre pour notre prochain RV ? Et si je m'achetais cette petite robe que j'ai repérée la semaine dernière… »

Conseils de copines pour ne pas faire fuir un homme !

(plus ou moins applicables)

✓ Ne pas coucher le premier soir.

✓ Ne pas rappeler la première.

✓ Ne pas lui demander s'il veut des enfants un jour.

✓ Ne pas lui coller trop vite le DVD de *Love Actually* (ça marche aussi pour *Le journal de Bridget Jones* ou *Sex and the City*).

- ✓ Ne pas lui demander comment il nous trouve physiquement.

- ✓ Ne pas se faire de soins chez lui s'il est là ou rentre bientôt (extraction de points noirs, éclatage de boutons, épilation duvet moustache..., bref tout ce qui laisse des traces rouges plusieurs heures durant !

- ✓ Ne pas acheter ni porter de lingerie hors de prix, qui nous boudine sous nos vêtements (dommage, il fallait mettre ça une fois rentrée à la maison ! maintenant on a l'air d'un saucisson).

Pourquoi il faut en finir avec George Clooney

✓ Il est marié (bon, on ne dira pas ici ce que l'on pense de son mariage, mais bon...).

✓ Il est vieux maintenant (si, si, il a beau avoir refait toutes ses dents – très bien refaites, d'ailleurs !), c'est fini, over, dépassé, il est vieux, *ciao*.

✓ Il a d'autres projets (être président des États-Unis, être green green green, sauver le monde...).

✓ Il a fait *Solaris* et autres films insupportables (mais pourquoi ???). En gros, il n'a pas joué dans un film correct depuis *Ocean's eleven* ou *twelve*, allez on est sympas ! ☺

Le mec parfait dit qu'il vous comprend et que lui aussi il le trouve top, ce George...

Ah oui il est parfait, le mec parfait, mais pour ce qui est de Clooney, ce ne serait pas un peu suspect, là quand même ?

?!

Pourquoi il ne faut pas en finir avec Leonardo DiCaprio

✓ Son nom italien restera toujours sexy (et même s'il a un prénom de Tortue Ninja, c'est aussi celui d'un peintre et savant exceptionnel, visionnaire, donc... un point pour Leo !).

✓ Si vous êtes blonde et mince mais avec des formes (genre mannequin Victoria Secret), vous avez vos chances avec lui. Si vous êtes Rihanna aussi paraît-il. Facile.

✓ Parce qu'il a joué sur la fin dans la série *Quoi de neuf, docteur ?*, mythique dans les 90's, et qu'il y était simplement adorable.

✓ Parce que gros et barbu on vous le volera pas (enfin, moins, peut-être ??? Il faut dire qu'il est très riche).

✓ Parce que c'est un acteur de folie !!!!

✓ Parce qu'il redevient sexy en deux jours pour un *red carpet* et là on se dit : ah OK, Leo, il ne joue pas dans la même cour que George Clooney !!!

Le mec parfait vous dira tous les jours que vous valez bien mieux qu'un Leonardo... D'accord, mais avez-vous vraiment besoin qu'on vous le dise ? Vous le savez bien que vous êtes extra !

Bref, le mec parfait ne sert pas à grand-chose sur ce coup-là... Et toc !

De l'hygiène de vie de notre nouveau mec

Bon, on n'allait pas s'attendre à tellement mieux avec un célibataire endurci (ou récemment séparé mais vivant de nouveau seul) : frigo rempli exclusivement de bières et de restes de plats chinois à emporter. Parfois, on y trouve un vieux bout de fromage ou une barquette de carottes râpées (pas entamée mais périmée). Restant de ses bonnes résolutions sans doute, jamais mises en route.

Ouf, nous voilà pour le sauver de ce désespoir nutritionnel ! Qui va se régaler de graines de chia (on ne rit pas) sur lit de boulghour bio ??? Comment ça il dit que c'est « dégueulasse, sans goût et désagréable en bouche » ???

Vous découvrez alors le gros lot : il confond courgette et concombre, croit que les pâtes et les pommes de terre sont des légumes, et pense que apéro signifie « repas équilibré », ou quand le saucisson devient l'ingrédient majeur de son régime alimentaire !

Le mec parfait mange bio depuis des années. Pas de bière dans son frigo, uniquement du jus de cranberries et de l'eau de coco. Il a même un bac pour ses épluchures de fruits et légumes, qui nourrissent des centaines de verres de terre (oui, oui, dans sa cuisine !!) ; c'est très « développement durable », le compost. Il fait aussi pousser des graines germées sur le dessus du bac. Pratique ! Il est même végétarien, locavore et éco-responsable. (Qui a dit « chiant » ??)

Pourtant, il s'autorise « l'exception Marco Polo » : un peu de café et de chocolat noir à 90 % de cacao (issus du commerce équitable, of course) !!! Si c'est pas ça, le bonheur ! Miam !

Conseils de copines pour ne pas faire fuir un homme !

(plus ou moins applicables)

✓ Évidemment, ne pas trop montrer qu'on est accro dès le début sinon il va avoir peur.

✓ Ne pas lui présenter toute sa famille tout de suite, c'est d'abord les meilleures copines (histoire d'avoir leurs impressions fiables !) ! Mais pas les 10 à la fois !!!! ☺

✓ Ne pas lui acheter de sous-vêtements après le 1er RV...

La question qui fâche

Que faire quand on tombe sur un micropénis ?!

Option 1 : fuir (désolée mais OUI, la taille et la circonférence, ça compte !!!)

Option 2 : essayer d'être polie mais ne pas en faire des caisses non plus, surtout si le Monsieur a été gentil jusque-là

Option 3 : si ce n'est pas la première fois, allez vous faire désenvoûter (oui, oui, on connaît des filles à qui c'est arrivé plusieurs fois ! plusieurs fois !)

Option 4 : consulter un psy si ça vous arrive tout le temps. Peut-être cherchez-vous à vous punir inconsciemment ?

Ou alors allez voir un ophtalmo car c'est tout de même assez rare (moins de 3 % de la population masculine aurait un pénis de moins de 7 cm en érection)

Option 5 : si vous l'aimez, offrez-vous un vibromasseur. Il paraît qu'ils en font des très bien maintenant.

On ne dira jamais

à un premier rendez-vous avec un homme

→ Quand j'ai mes règles je suis exécrable, faut pas me parler et je pleure toutes les 5 minutes.

→ Je n'attends qu'une chose, c'est de tomber enceinte parce que j'ai 34 ans et que l'horloge biologique tourne à fond, au fait c'est quoi ton prénom déjà ?

→ Ah tu me trouves jolie ? Bah merci dis donc, parce que y'avait du boulot tu sais ! À la base, je suis hyper brune, je te raconte pas le budget épilation... et puis y'a eu mes prothèses mammaires, j'ai fait recoller mes oreilles, et...

➜ Moi, un mec qui ne m'invite pas à dîner, je trouve pas ça si grave, eh oh, on est en 2016 quoi, l'égalité des sexes, tout ça, je suis hyper féministe tu sais ! J'ai pas besoin d'un mec, moi !

➜ Avec ma meilleure copine, on se dit tout, tout, tout ! Ah oui, on connaît les moindres détails des histoires de l'autre, normal, quoi, c'est ma *best friend*...

Témoignage d'une courageuse anonyme

« Le pire petit ami que j'aie eu était un vrai goujat. Bon, comme je n'avais pas mieux à me mettre sous la dent, je le voyais de temps en temps, histoire de faire "comme si" et de ne pas passer pour la pauvre fille auprès de mes copines et collègues de bureau. C'était une période où je passais ma vie au travail et m'aérer un peu, même avec un goujat, me faisait du bien ! Qui l'eût cru ? Entre le resto qu'il choisissait sans me consulter selon ses envies et son régime du moment (Monsieur faisait beaucoup de musculation et avait des périodes où il devait manger beaucoup de protéines, par exemple... No comment), les séances de ciné annulées au dernier moment parce que

son meilleur pote débarquait (depuis la Normandie... sans prévenir ? Sérieusement ?) et son petit chien mignon de loin mais qui embaumait de ses pets fumants et bruyants tout l'environnement... Bref, je commençais à ne plus pouvoir le supporter, et je me demandais comment rompre avec lui. Je n'ai même pas eu à le faire, il a été si odieux que j'en ai ri ! Oui, c'était tellement énorme que j'ai éclaté de rire et laissé tomber cette histoire sans me retourner. Écoutez plutôt : un soir où j'étais rentrée du travail à 23 h passées, je prends un bain, et je me couche direct car une grosse journée m'attend de nouveau le lendemain... En plein sommeil paradoxal, vers 2 h du matin, je suis réveillée par une rafale de textos de Monsieur Goujat, me signalant qu'il était dans une boîte de nuit (enfin, un club à connotation très érotique puisque des filles nues y dansent sur des tables !!). Dernier message reçu : « Rejoins-moi. » Euh, mais bien sûr !!!! J'étais hébétée, de fatigue et d'atterrement. Je n'ai jamais répondu et on ne s'est jamais revus ! Sans regret puisque, quelques mois plus tard, je rencontrais mon mari. » ☺

Conseils de copines pour ne pas faire fuir un homme !

(plus ou moins applicables)

✓ Ne pas lui parler de vos parents (et surtout pas de vos conflits avec eux, du style « ils ont toujours préféré mon frère »...).

✓ Ne pas lui parler d'enfants (et surtout pas de votre souhait d'en avoir rapidement, il va flipper).

✓ Ne pas lui parler de vos défauts (il aura bien l'occasion de les découvrir par lui-même... plus tard !!).

FBI
(la fausse bonne idée)

Lui offrir un cadeau pour son anniversaire

Alors qu'on vient de se rencontrer :

➜ il prendra peur !

Accepter des cadeaux somptueux alors qu'on n'est pas amoureuse du tout :

➜ il sera dingue quand vous allez inévitablement le quitter.

Lui demander les clés de son appart :

➜ trop cash, il va vous prendre pour une folle.

Faire le ménage ou la lessive une fois, « comme ça, pour être sympa » :

➜ il ne faut pas faire **UNE FOIS** ce qu'on n'acceptera pas de refaire **CHAQUE FOIS**, le principe est ultra simple, c'est comme avec les enfants !

ÇA, MESSIEURS, C'EST INTERDIT !

- Manger de l'ail si nous on n'en a pas mangé (merci les bisous empoisonnés).
- Idem avec le fromage.
- Ou alors ils doivent se rincer l'haleine avec un dessert, un cocktail et deux cafés ☺ (minimum).

FBI
(*la fausse bonne idée*)

Arrêtons de demander si on a grossi

... ou « pris » du cul, des cuisses, plus rarement des seins... (dommage), de toute façon le pauvre Homme n'a aucune échappatoire !

1/ Soit il dit tout de suite « non pas du tout ma chérie » et vous lui reprochez de ne même plus vous regarder.

2/ Soit il prend le temps de la réflexion (ou fait semblant, car il est comme un lapin pris dans des phares, tétanisé à l'idée de devoir donner une réponse) et vous le détestez d'avance car il vous jauge, pensez-vous !

3/ Il vous répond que oui, le goujat !

Solution : fallait pas demander !

Si vous voulez savoir si vous avez grossi, pesez-vous.
Si vous voulez savoir si vous lui faites toujours de l'effet, déshabillez-vous.

NB : Le mec parfait ne se mettra jamais dans un guêpier pareil, puisque sa femme est parfaite, la bourrique !! et en guêpière, en plus... Grrrr !!!!

Conseils de copines pour ne pas faire fuir un homme !

(plus ou moins applicables)

✓ Ne pas cacher qui l'on est : être franche, sincère, ne pas jouer un rôle (il s'en apercevra tôt ou tard !).

✓ Parler, faire connaissance, mais aussi écouter !

✓ Ne pas être trop envahissante, ni inquisitrice... (Ça les fait fuir !) Du style, en roue libre : C'est quoi déjà, ta couleur préférée ? Ton film préféré ? Ton morceau préféré ? Tu es né où ? Habites où ? As combien de frère et sœur ? Tu aimes les petits pois lardons ? Tu te laves les dents combien de fois par jour ? Tu ranges tes livres par thématiques ou ordre alphabétique ? C'est quelle marque, ton caleçon ? Tu téléphones combien de fois par mois à tes parents ? Tu…

STOOOOOOOP !!!!!!

ATTENTION DOSSIER

THE RULES

Écrit par deux Américaines dans les années 1990, ce livre qui répertorie les « 35 règles pour capturer Mr Right » (l'homme idéal) est souvent cité dans les films et autres séries US (notamment par le personnage de Carrie Bradshaw dans *Sex and the City*).

Ce livre est tout simplement la bible du savoir séduire pour des milliers de jeunes (et moins jeunes !) Américaines. Nous nous devions donc d'en parler ici !!!

ATTENTION, ces règles peuvent paraître très ringardes et désuètes !

En voici un bref résumé, ainsi qu'un test par l'une de nos courageuses anonymes ! Libre à vous de vous en inspirer... ou pas ☺

➜ L'idée générale est la suivante : pour être la femme que l'on épouse et pas celle que l'on quitte, pour attirer les hommes, une seule grande règle s'impose : faire comme si les hommes ne vous intéressaient pas !

➜ Ne jamais prendre l'initiative du contact : ne pas adresser la parole en premier à celui qui vous plaît, ne pas appeler la première... C'est à l'Homme de vous courir après !

➜ Refuser, beaucoup : c'est à vous de raccrocher la première au téléphone, de mettre fin à un RV, et surtout de refuser une invitation pour le samedi après le mercredi (hyper important : vous n'êtes pas à sa disposition), ne pas le voir plus d'une ou deux fois par semaine.

➜ Bien sûr, THE RULES dicte aux femmes d'être toujours impeccables (faire attention à sa ligne, sa santé, son apparence physique...) afin d'être toujours au top de sa séduction.

- Être assez passive par rapport à l'attitude de l'Homme : ne pas lui dicter sa conduite (« tu devrais faire comme ceci... »), le laisser avouer ses sentiments en premier, ne pas vouloir le changer (ça n'arrivera pas !), ne pas trop se dévoiler, rester mystérieuse...

- Même une fois mariée, continuez à suivre « les règles » ! Pour un ménage heureux...

Témoignage de notre testeuse anonyme :

« Quand j'ai acheté le livre The Rules *j'étais au fond du bol ! Je venais de me faire quitter pour la énième fois, et je ne voulais plus vivre ça. J'étais décidée à ce que ma prochaine relation fonctionne, et pour de bon !*
Mon rêve, c'était trouver l'homme de ma vie, et me marier un an après. Beau challenge, n'est-ce pas ?

Du coup, j'ai commencé la lecture du bouquin lors de mes trajets en métro. Il faut bien s'imprégner des « règles » pour que ça devienne une façon naturelle de se comporter, ce n'est pas facile au début. Les gens me regardaient bizarrement ; alors, pour ne pas passer pour une folle psychorigide, j'ai recouvert la couverture du livre !
J'ai découvert que c'étaient des règles évidentes, qui tournent autour du thème "pour être attirante, il faut savoir vivre SANS attendre de l'attention de la part de l'homme". C'est-à-dire vivre sa vie sans attendre un coup de fil, une possible invitation à dîner. Car si tu es en attente, tu seras toujours déçue (soyons réaliste : il ne fera jamais ce dont tu rêves et fantasmes depuis toujours !!!) et de plus, tu te rends vulnérable, pas du tout sexy. Le livre t'aide à apprendre à vivre sans attendre quoi que ce soit de la part de l'autre, c'est la meilleure façon de garder le dessus et de ne pas perdre la face.
Ça semble évident, car si les hommes disent préférer une fille naturelle, spontanée, qui couche le premier soir, en réalité ils veulent épouser une fille pour qui ils sont prêts à se battre !

Personnellement, j'ai bien réussi à suivre la plupart des Règles. Quand j'ai jeté mon dévolu sur X, mon amoureux actuel, j'ai testé toutes les Règles sur lui !
On peut dire que cela a bien fonctionné... Aujourd'hui, après 6 mois de relation, nous sommes fiancés !
Ce livre reste bien sûr un secret, mon futur mari n'en a pas connaissance et il ne doit jamais savoir. Le précieux bouquin est caché dans des valises dans le grenier de ma mère !!! J'y jette un petit coup d'œil de temps en temps... »

On vous a tout dit ! Maintenant, à vous de voir si vous voulez vous lancer dans l'aventure.

2

QUAND ON VIT AVEC L'HOMME

Découverte de ses défauts, premières disputes, écornage de l'image parfaite

Youhouuuuu ! Ça y est, vous formez UN COUPLE, c'est officiel, et vous habitez sous le même toit. Bravo ! L'occasion de découvrir des trucs hyper sympas comme ses défauts, ses sales manies, et autres disputes ☺ Trop chouette !!!

Liste objective de leurs défauts

Résultat d'un brainstorming 100 % féminin et sans tabous, qui nous donne dans le désordre et de façon non exhaustive bien sûr :

✓ bordélique
✓ pas organisé
✓ procrastinateur
✓ de mauvaise foi
✓ nombriliste
✓ égoïste
✓ hypocondriaque
✓ lâche
✓ menteur
✓ manipulateur
✓ peur de l'engagement

✓ radin
✓ fainéant
✓ beauf (parfois)
✓ prétentieux
✓ manque d'imagination (sauf pour le sexe !)

À compléter selon les défauts de votre homme ! (Ça défoule !)

– ....

– ....

– ....

– ....

– ....

– ....

– ....

– ....

Citation

À MÉDITER

« Si, les femmes **savent** lire
les cartes routières.
C'est juste qu'elles ne sont
jamais dans le bon sens,
voilà tout. »

Patrick, 38 ans, très fair play...

Conseils de copines pour ne pas faire fuir un homme !

(plus ou moins applicables)

✓ Lui laisser de la liberté, ne pas l'étouffer, ne pas être jalouse ou possessive (enfin, essayer, quoi ! ou bien être discrète ☺).

✓ Lui faire prendre conscience de ses envies, l'aider à s'épanouir dans ses passions (attention aux extrêmes quand même ! Vigilance, il ne doit pas pour autant nous oublier ou nous reléguer au second plan).

WTF
(*What the fuck ?!*)

Pourquoi il ne voit pas qu'on s'est fait belle ?

Quand on change de coiffure (opération séduction ou juste besoin de prendre soin de soi, après tout on le vaut bien n'est-ce pas), Monsieur ne remarque absolument **RIEN**, alors que notre voisine de palier, **SI** !
Elle saurait même dire si on a fait un balayage, un flash ou un Diacolor !
Et la situation est la même si on étrenne un nouveau vêtement ou des nouvelles chaussures ou un nouveau sac à main ou de nouvelles boucles d'oreilles... (À voir si c'est pareil question lingerie, là, on sera fixées !!!)

Bref, le mec ne voit rien. Nada, que dalle, il a un problème de vue peut-être ??? Que nenni. L'homme « voit » mais ne « regarde » pas. Ah ! D'où leur problème récurrent du « t'aurais pas vu mes clés/mon portefeuille/mon téléphone »... Paraît qu'ils ont une vision « en tunnel », d'après les scientifiques, d'où leur souci à voir dans le détail. Mouais.

> Le mec parfait complimente sa copine dès qu'elle a un micro détail de nouveauté sur elle, et la trouve encore plus resplendissante !
>
> (Dit comme ça, ça fait un peu faux cul, mais bon...)

FBI
(la fausse bonne idée)

Lui demander ce qu'il ressent quand il fait l'huître

Il est pensif sur le canapé parce que, au choix :

✓ il vient de raccrocher avec sa mère avec qui il s'est disputé ;

✓ il rentre d'un RV de travail difficile ;

✓ il a un souci avec son meilleur pote ;

✓ vous lui avez fait une réflexion sur sa coupe de cheveux et il ne parle plus ;

✓ ...

En bonne petite copine compatissante et aux petits soins, vous lui proposez d'en parler et demandez innocemment : « Qu'est-ce que tu ressens ? Tu veux en parler ? »

ERREUR ! Il ne vous dira **RIEN**, vous allez mal le prendre, il ne se confiera toujours pas, il s'énervera, vous aussi, dispute assurée et toujours pas plus de conversation ou de confession sincère en vue.

L'homme ne ressent pas rien, c'est juste qu'il ne veut pas en parler, voilà.
Il est contrarié, ça lui passera.
Ne cherchez pas plus loin.

Le mec parfait livre toutes ses pensées et ses états d'âme à sa nana, elle et lui dialoguent ouvertement et simplement de leurs ressentis.

Ben voilà, le canap' du salon est devenu le canap du psy, est-ce que ça nous fait vraiment envie ?

Conseils de copines pour ne pas faire fuir un homme ! (plus ou moins applicables)

✓ Ne pas essayer de le changer (oui, c'est très difficile !).

✓ Ne pas rouspéter en lui demandant de faire quelque chose. On n'est jamais mieux servie que par soi-même.

✓ Ne pas lui faire de reproches devant ses copains (il risque de faire pareil !! et là, bonjour l'ambiance avec les potes).

WTF
(*What the fuck ?!*)

C'est quoi, leur notion du rangement ?!

ATTENTION, COUP DE GUEULE !
ce mal touche beaucoup de mâles...

« Chérie c'est bon, je l'ai fait ! »
Nous : « Ah BOOOOON ???? »

Déjà, pourquoi annonce-t-il, fier comme un paon, qu'il a fait quelque chose ? Est-ce que nous, on envoie un fax à la terre entière pour clamer que « Ça y est ! j'ai nettoyé la cuvette des WC ! » ? Non, alors il fait, et en silence ! Merci ! Mais non, pour lui, ranger veut étonnamment dire parler de rangement...

Invariablement, il est vexé quand on passe derrière lui. Bah désolée mais on n'a vraiment pas les mêmes notions (notamment en matière de propreté...) !

➜ « ménage » = il a passé vite fait l'aspi dans le « passage » le plus emprunté mais pas dans les coins, il ne voit pas la poussière sur les meubles, ignore totalement les WC et la salle de bains !

➜ lave-vaisselle (quand il se souvient que ça existe) = il a mis tel que, n'importe comment, sans rincer la sauce ni jeter les miettes... donc ça sert à rien ! (Et après ça pue !)

➜ lave-linge : s'il ne se trompe pas avec le sèche-linge (ne riez pas, on en connaît !), s'il ne mélange pas trop les matières et les couleurs, s'il met la bonne dose de produit et surtout s'il sait comment programmer la machine... on dit **BRAVO** (mais c'est rare) !

- ➜ rangement = pour lui, ranger, c'est empiler, compresser et cacher dans un coin (alors que pour nous ça signifie naturellement trier, classer, organiser ou jeter, conserver dans des boîtes ou des classeurs des documents...).

- ➜ Les hommes ont tous l'air d'avoir une phobie administrative ! Ils empilent leurs enveloppes (non ouvertes !!!) ou alors tassent le tout dans un coin et on tombe dessus deux ans après ! « Ah bon, j'aurais dû envoyer ce document à la mutuelle ? » Bah oui chouchou, on est passés à côté de 300 euros de remboursement, là... Voilà voilà.

Et le pire, c'est que nous aussi nous avons la même phobie, mais nous, on se soigne, on prend sur nous et on va au bout du rangement.

L'homme parfait lui, sait très bien cela ! Il trie, range, nettoie, à fond et pas en mode minimum, une fée du logis tellement appréciable !

...

Sauf que...
Il retrie aussi nos relevés de compte (tiens, tu as mélangé les années, là, Chouchou), range dans des boîtes nos escarpins (tu les mets moins en automne, je vais les remettre dans leur carton), fait le ménage dans les médicaments (tout ce qu'on garde et qui est périmé !), dans nos produits de beauté sur l'étagère de la salle de bains (tu utilises vraiment cette huile scintillante ?) Hum Hum... Ouais, la fée du logis, elle soûle un peu, en fait...

Sondage rigolo (ou pas !)

Vous vous installez ensemble ! Super !
Mais c'est aussi le début des premières disputes. Pour quels motifs? *(à compléter avec vos propres motifs d'engueulades !)* :

- Il a laissé traîner ses affaires (pour la millième fois).
- Il a encoooooore demandé « On mange à quelle heure ? (« Bah, je sais pas, t'as préparé quelque chose, toi ?? »)
- Il refuse carrément le partage des tâches (genre c'est dans nos gènes ?? ou il pense vraiment qu'on adore ça ??).
- Il rentre des courses : les sacs sont remplis de coca, pâtes, gâteaux et... c'est tout ! (Vivrait-il tout seul devant sa télé ??)

- Il commence à se « lâcher » au sens propre… (= oui, vous avez bien compris, il se met à péter ou roter… C'est interdit, ça !).
- On découvre qu'il s'énerve pour un rien (pas de bol).
- Les valeurs sûres : cuvette des toilettes, dentifrice ou poils dans le lavabo…
- En fait, il continue de sortir comme si on n'était pas là !
- On réalise qu'il est sale (enfin, selon nos exigences de propreté).

– ………………………………………………………
– ………………………………………………………
– ………………………………………………………
– ………………………………………………………
– ………………………………………………………

Le mec parfait, par définition, est toujours au diapason avec sa compagne, ils ne se disputent donc jamais !!!! (Mais il paraît que c'est pas bon pour le couple, ça…)

ALERTE tue-l'amour !

Les toilettes

Malheureusement, hommes et femmes n'ont pas les mêmes besoins ni les mêmes exigences...

Florilège de problèmes de WC :

✓ L'Homme ne nettoie pas les toilettes après son passage (il doit croire que c'est automatique ?!).

✓ Visiblement, l'Homme va beaucoup plus souvent aux toilettes que la Femme (c'est scientifique !).

✓ L'Homme y passe des heures !!! La Femme s'interroge sur ce qu'il y fait. (OK, ça a l'air idiot ! Mais comment font les hommes pour ne pas se couper en deux ? Comment font-ils pour en sortir et marcher normalement après ? Nous, après seulement 10 minutes, on n'arrive pas à tenir debout tellement on a des fourmis dans les jambes !)

✓ ET au passage, bravo pour l'hygiène à ceux qui emportent leur ordinateur portable, téléphone ou tablette..., tout ça pour aller sur Facebook ! On pourrait vous balancer et poster un statut du style : « Mon mec a cliqué "j'aime" depuis les chiottes ! » ☺

✓ Ils ne jettent jamais les rouleaux.

✓ Ils pensent rarement à mettre du spray...

✓ Ils laissent la porte ouverte en sortant : c'est de l'art moderne de voir la cuvette depuis le couloir/le salon... Elle devrait donc se refermer toute seule ? Étrange...

Le mec parfait rejoint la femme sur ce point : il ne fait jamais caca. Problème résolu.

La malédiction…
… des sous-vêtements

Combo caleçon + chaussettes laissés PILE à l'endroit où Monsieur s'est déshabillé !! Non mais allô ? La panière à linge est à 2 mètres, que se passe-t-il ? En plus, on voit bien que les chaussettes sont en dessous du caleçon bien ouvert, incroyable on dirait qu'il s'est évaporé ! (Quelque part on serait presque admirative ! J'ai dit « presque » !)

On peut jouer à la guerre des nerfs et laisser, nous aussi, traîner toutes nos affaires… Pas sûr qu'on gagne !!! Au final, on aura juste deux fois plus de trucs à ranger !!!

Le mec parfait adore s'occuper des lessives… Il est vraiment parfait mais vraiment pas normal, qui aime gérer le linge sale ? Sérieusement ??!

La preuve en images : L'agenda !

Le mec parfait :

Semaine 14

NE PAS OUBLIER :
enregistrer
la série Girls
de Chérie
<3

▶ *Lundi*

APPELER
belle-maman pour
caler week-end
en forêt avec les
enfants

▶ *Mardi*

Garder les kids pendant que Chérie sort entre copines ♡♡
(prévoir de partir tôt du bureau pour faire des Kapla avec eux !)

▶ *Mercredi*

Anniversaire de mariage !

RAPPEL :
confirmer la table
isolée au restau

▶ *Jeudi*

▶ *Vendredi*

- CÉRÉALES BIO,
- PAPIER TOILETTE TRIPLE ÉPAISSEUR,
- JUS DE CAROTTES,
- BOULGHOUR,
- NETTOYANT WC,
- TOFU, CHOCOLAT NOIR,
- COTONS BIO DÉMAQUILLANT,
- BOUQUET DE FLEURS

▶ *Samedi dimanche*

RÉPARER L'ÉTAGÈRE DE LA CUISINE
CHANGER SAC ASPIRATEUR
AIDER LE PETIT POUR SON EXPOSÉ

Le mec normal : Semaine 14

▶ Lundi

NE PAS OUBLIER : acheter des bières

▶ Mardi

▶ Mercredi

SOIRÉE AVEC WILLIAM ET MAX !!

▶ Jeudi

TRUC IMPORTANT ???!!

▶ Vendredi

▶ Samedi dimanche

TÉLÉCHARGER LE NOUVEAU NIVEAU DE « CRASHLANDS »

Témoignage d'une courageuse anonyme

« La désorganisation de mon mec me déconcerte. Quand nous avons un rendez-vous, j'ai beau le lui avoir dit, jamais il ne s'en rappelle. Du coup, il le découvre soi-disant au dernier moment et râle parce qu'il n'est jamais "au courant". Je suis tentée de lui envoyer un mail pour avoir des preuves… J'ai aussi essayé l'agenda sur le frigo mais malgré ça, la mauvaise foi fait rage !!! »

Sonnettes d'alarme !!!

à découper et à donner gentiment
au monsieur

CECI N'EST PAS UN ULTIMATUM MAIS CE BON DEMANDE EXPRESSÉMENT À L'INTÉRESSÉ DE :

- ➜ changer l'ampoule de l'entrée à propos de laquelle vous avez affirmé que c'était « un truc de mec, dont vous vous chargeriez » ;
- ➜ jeter les rouleaux de papier toilette (ils sont 5 maintenant) ;
- ➜ ne plus remettre les bouteilles de lait (briques de jus de fruits, boîtes de camembert) vides dans le frigo ;

– ....
– ....
– ....
– ....
– ....

(à compléter selon les urgences chez vous)

SOUS PEINE DE :

(OK, là, ça ressemble un peu à un ultimatum !)

➜ grève du sexe
➜ grosse engueulade
➜ départ en WE entre copines sans sommation

– ....
– ....
– ....
– ....
– ....

(à compléter suivant vos propres besoins !)

Citation de copine

À MÉDITER

« Non, le mec n'est pas
"mono-tâche" : à la maison,
il s'occupe de deux choses :
percer les murs et régler une fois
par an l'assurance habitation...
Tout en mâchant
du chewing-gum... Bluffant,
non ? »

Le syndrome...
...de Superman

On en entend parler pendant 6 mois (minimum) :

✓ il a fait les courses (trois trucs pour l'apéro car ses potes venaient) ;

✓ il a fait à manger (un sandwich ! ou commandé une pizza) ;

✓ il a accroché au mur la putain de vis pour le cadre qu'on voulait accrocher depuis nos fiançailles (deux ans, donc, depuis on est mariés ! Va falloir attendre 5 ans pour accrocher la photo de mariage au mur...) ;

✓ il a monté un meuble (ça, c'est un an minimum s'il ne l'a pas fait sur-le-champ quand vous êtes rentrés de chez Ikea) ;

- ✓ il vous a aidée à plier les draps et, franchement, il est au top de la collaboration ;
- ✓ il a repassé un de vos tops en soie (wahou ! niveau de difficulté hyper élevé !!! Non, on plaisante) ;
- ✓ il a dit à sa mère que votre quiche était « plutôt bonne » ;
- ✓ il a bricolé/réparé un truc (genre tourner un coup de molette sur un tuyau, on dirait qu'il a fait le Vietnam : il ressort de dessous la baignoire en marcel, transpirant, et avec une mine de celui qui a vu l'enfer) ;
- ✓ il a fait le lit, pour une fois (oui, incroyable, il a tiré la couette et replacé les coussins ! en fait sa mère venait).

La question qui fâche

Et s'il ronfle ?

L'Homme ronfle, et souvent très fort...
Les décibels sont parfois proches d'un concert de batterie, alors courage !
Essayez les boules Quiès, et surtout essayez de vous endormir avant lui...

Le mec parfait ne ronfle pas, ne bouge pas pendant son sommeil, même pas les doigts de pieds, laisse toute la couette à sa chérie...

OK, c'est génial, mais n'oubliez pas une chose : beaucoup de femmes ronflent aussi, alors c'est parfois rassurant de savoir qu'on est deux éléphants qui barrissent la nuit... on a moins honte...

La malédiction...
... du mec malade !

Sa devise :
« Moi, c'est toujours pire que toi » !

Eh oui, l'homme ne connaît pas les douleurs menstruelles, l'accouchement, les migraines-de-quand-on-arrête-la-pilule ni même les plantes de pied qui brûlent pour cause de talons hauts ! Alors, oui, on peut dire que l'homme est une chochotte qui se plaint pour le moindre rhume.

➜ Toutes les femmes l'affirment : un homme malade, c'est une horreur ! Il est toujours PLUS malade que toi tu n'as jamais pu l'être.

➜ Si, si, sa grippe, c'est pire que ton opération de l'endométriose !

➜ Si, si, son rhume, c'est pire que tes otites surinfectées !

➜ Si, si, sa prise de sang, c'est pire que tous tes frottis réunis !

➜ S'il a un RV médical délicat (genre chez le proctologue), il rétorque que nos examens gynécologiques, mammographies, échographies pelviennes, hystérographies et autres cystographies, c'est rien, nous les femmes « on a l'habitude » !!!

➜ Il se plaint, ne peut plus rien faire (non, non, il faut lui apporter son repas au lit, il ne peut pas en sortir, le pauvre), gémit, nous empêche de dormir la nuit, et demande du réconfort comme s'il avait deux ans. **É-pui-sant !**

→ À la fin, on voudrait juste être malade pour ne plus avoir à nous occuper de lui !

Le mec parfait n'est pas comme ça. Le mec parfait n'est jamais malade, voyons !

Vous avez déjà vu Brad Pitt avec le nez qui coule ?! Il serait ridicule et il le sait.
Donc, il n'est jamais malade.
CQFD.

Témoignage d'une courageuse anonyme

« Si mon homme a mal à la tête, c'est une tumeur. Il a mal au bras, il est en train de faire un malaise cardiaque. Mon mec est une chochotte parfois (et je ne parle pas des trois poils à arracher entre les sourcils). Par moments, ça me fait rire. D'autres fois, ça m'agace. Il se coupe, vite, vite un pansement... et il ne peut plus bouger. Et j'en connais pas mal comme ça ! »

Conseils de copines pour ne pas faire fuir un homme !

(plus ou moins applicables)

✓ Toujours être impeccable.

✓ Une grand-mère de copine disait : « Il ne faut rien attendre d'eux. » C'est un peu pessimiste, non ?! (En même temps, on ne court pas le risque d'être déçue… donc, abaisser (légèrement ?) son niveau d'exigence.)

Ses manies qui m'agacent

« Il est où le... »

Habite-t-il au même endroit que nous ?
La question n'est pas anodine, car que ce soit pour le tire-bouchon (qui est depuis plus de deux ans dans le tiroir du meuble gris, à droite, dans la cuisine), les serviettes de bain (qui ont toujours été, depuis l'emménagement à deux, dans le meuble de la salle de bains), les sacs plastique (placards de l'entrée depuis une éternité), l'homme passe son temps à chercher les objets basiques du quotidien : « Il est où le... Tu l'as encore changé de place ? »
Non, on ne s'amuse pas à déplacer les objets la nuit !

Il faut croire que ça ne l'intéresse tellement pas qu'il ne VEUT pas retenir cette info et préfère qu'on lui apporte directement ce qu'il cherche. Oui, mais non !

La solution ?

✓ lui faire peur et prendre un RV avec un neurologue, pour que ça rentre !

✓ jouer au jeu de piste et en rajouter : non, chéri, là c'est froid, là c'est glacé, ah là, tu approches !

✓ lui faire des blagues très drôles : « Tes rasoirs jetables ? Ils sont dans le four, bien sûr ! »

Vous l'aurez compris, il n'y a pas vraiment de solution pour cette manie... le mieux, c'est de faire comme si vous étiez vous aussi atteinte d'un mal étrange : la surdité sélective... et ne plus entendre quand il vous demande « Où est le... » !!!

Le mec parfait ne cherche jamais rien !
Tant mieux pour lui (grrr) !

Le syndrome…
… du Cro-magnon

On a beau avoir flashé sur un spécimen beau, bien éduqué, galant, ou toute autre qualité qui nous sied… Parfois, l'homme se mue en une étrange créature des cavernes dès qu'il a passé le seuil de la maison : grognements en guise de « bonsoir », paquets de chips ou tasses de café laissés là où consommés, hygiène parfois douteuse… On ne comprend pas ce que ce Cro-magnon a fait de notre bel amant attentionné.

Le mec parfait ne se laisse jamais aller. Jamais. Il est toujours parfait, impeccable, sous contrôle. Dit comme ça, ça fait un peu flipper, ou pas ?

Ses manies qui m'agacent

☞ Faire sécher le linge en boule.

C'est bien connu, les chaussettes sèchent bien mieux repliées sur elles-mêmes (*idem* pour les manches de chemise rentrées...).

☞ Utiliser la fin du dentifrice jusqu'au bout pour ne pas remettre un tube neuf.

☞ Laisser câbles et chargeurs traîner partout dans la maison (mais il a 18 tablettes et 30 portables ou quoi ?).

Le Syndrome...
... de la désynchronisation sexuelle

Allez, on joue ?
Voici les causes les plus probables
d'une bonne désynchronisation sexuelle
(attention, il faut être deux pour jouer) :

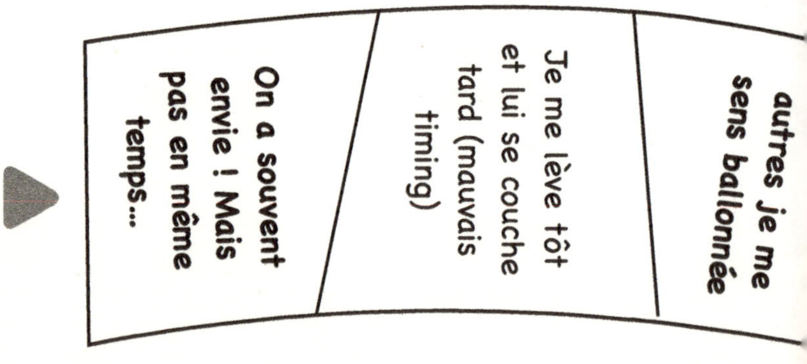

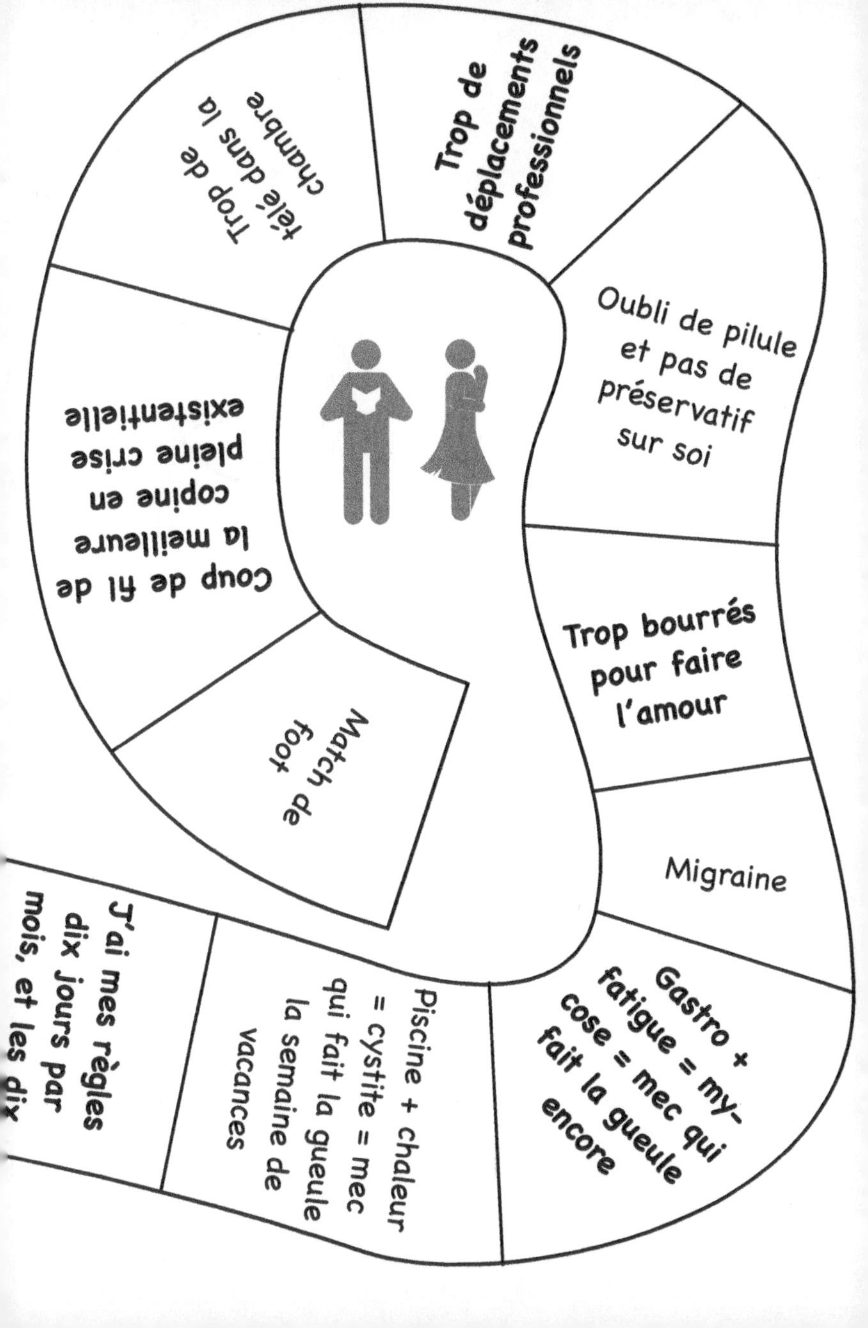

J'ai mes règles dix jours par mois, et les dix
Piscine + chaleur = cystite = mec qui fait la gueule la semaine de vacances
Gastro + fatigue = mycose = mec qui fait la gueule encore
Migraine
Trop bourrés pour faire l'amour
Oubli de pilule et pas de préservatif sur soi
Trop de déplacements professionnels
Trop de télé dans la chambre
Coup de fil de la meilleure copine en pleine crise existentielle
Match de foot

Citation de copine

À MÉDITER

« Et là, j'étais aussi énervée qu'un mec en manque de sexe, tu vois ? »

(Que l'on peut traduire aussi par :
« J'avais la rage !!! »)

Conseils de copines pour ne pas faire fuir un homme !

(plus ou moins applicables)

✓ Être à l'écoute, l'épauler, et lui faire oublier ses soucis au lit !

✓ Une guêpière Chantal Thomass, ultra sexy !

✓ S'il part en séminaire, lui faire tout le *Kâma-Sûtra* la veille !

Note de l'auteur : relire les pages précédentes et éviter la désynchronisation sexuelle paraît être la meilleure option ☺

Problème (pas complètement résolu)

➜ **Un mec** a besoin de faire l'amour pour se détendre...

➜ **Une fille** a besoin d'être détendue pour faire l'amour !

Vous avez deux heures
(pour répondre à la question !).

ATTENTION DOSSIER

LES CADEAUX

Ça a l'air anodin comme ça, mais le cadeau a une haute valeur symbolique dans un couple.
Warning, warning, les filles.

Témoignage de nos testeuses anonymes :

« Les cadeaux, c'est génial, surtout l'évolution des premières années de la relation.
La première année, le mec se prend la tête pour te faire une surprise de fou !
La deuxième année il essaie de faire une surprise en faisant un petit sondage auprès de tes copines.
La troisième année, c'est toi qu'il sonde, l'air de "rien" (mais tu le vois venir avec ses gros sabots).

Et la quatrième année, il te demande clairement ce que tu veux !
Personnellement, la cinquième année, je lui dirai avant même qu'il ne me pose la question !
(Et la sixième, je l'achèterai moi-même !!!!) »

« Mon mec ne m'offre jamais de fleurs alors que j'adore ça. Au printemps dernier, j'ai pété un plomb : ça faisait une semaine que je lui disais "Oh dis donc, c'est bientôt le 1er mai, le jour du muguet ! Ça sent bon, j'adore ça, moi, le muguet" (pas lourde, la fille, quoi). Eh bien, il part faire des courses car on avait des invités, et là, rien du tout : il ramène juste une bouteille et du pain. J'ai eu envie de le gifler ! Mais j'étais si déçue que j'en ai pleuré et plus tard dans la soirée il m'a rapporté mon fameux brin de muguet...
Maintenant, il n'oublie plus. Mais quelle histoire ! »

« Je connais une fille, son mec est parfait. Si, si ça existe ! En tout cas, en terme de cadeaux... Chaque année, depuis maintenant dix ans, il lui offre des cadeaux de plus en plus fous ! La

dernière fois, c'était carrément une voiture. Une voiture !! Évidemment, avec mes copines, on est toutes jalouses. »

Liste des pires cadeaux reçus

100 % véridique !

➜ Voici un petit medley des pires cadeaux reçus par des femmes de la part de leurs hommes...

➜ Vous pouvez compléter la liste par votre propre expérience et celle de vos copines, c'est un jeu très amusant pour dédramatiser !!! (Oui, il y a de quoi pleurer parfois !!!!)

✓ une clef USB (bah quoi ? c'est utile !) ;

✓ une sorte de bassine moche censée masser les pieds ;

✓ son premier cadeau : une housse de couette !

✓ une plante moche genre fleur de cimetière ;

✓ une vache en peluche ;

✓ un aspirateur Dyson mais il faut l'avouer..., c'est pratique et plutôt design !
✓ une robe qui n'est pas du tout mon style mais qu'il aimerait me voir porter souvent !!
✓ le kit complet pour faire du sport : DVD abdos fessiers, livres sur les muscles et comment les faire travailler où il faut, les altères et même le tapis de gym !
✓ un plumeau (oui, oui, le truc en plumes pour faire les poussières !) ;
✓ un livre de cuisine... (OK merci pour le message subliminal !) ;
✓ je ne compte plus les fois où il oublie carrément mon anniversaire (pourtant il a Facebook et ses notifications, donc pas d'excuses !!!) ;
✓ un cadre photo ;
✓ un horrible collier, genre celui que tu offres à ta belle-mère parce que tu sais qu'elle est plouc ;
✓ un manteau qui non seulement est 2 fois trop grand mais qui en plus ne me correspond absolument pas !
✓ un bracelet de contrefaçon hyper cheap (et moche) acheté sur un marché en vacances.

— ....

— ....

— ....

— ....

— ....

Liste des pires cadeaux reçus

suite

Parfois le pire, ce n'est pas tant le cadeau que la manière de l'offrir, au choix :

✓ le commentaire de trop qui tue : « Je t'ai pris ce pull, je crois qu'en L ça devrait aller... » ;

✓ la flemme du paquet cadeau : « Ouais, bon, ben j'ai gardé le carton de la livraison Amazon, comme ça ton livre est bien protégé » (c'est connu, rien de plus fragile qu'un livre de Poche...) ;

- ✓ le moment improbable, le moment de solitude : « Allez chérie, ouvre vite le paquet de cette boutique de lingerie, tes parents attendent pour que tu souffles les bougies sur ton gâteau ! » ;
- ✓ ou le lieu étonnant qui donne envie de lui rendre son cadeau immédiatement : « Oui, bon, on est dans le métro, mais c'est pas grave, tiens, ton cadeau, un bracelet. Comme ça on gagne du temps avant le restau ! » (sorti d'un sac plastique en boule et avec l'étiquette du prix bien sûr... Vos voisins de strapontins s'en souviennent encore...) ;
- ✓ le mauvais timing : « Voilà des petits chocolats pour ton anniversaire ! Ah bon, c'est le mois prochain ? T'es sûre ? » ;
- ✓ les détails rédhibitoires comme « J'ai pris cette écharpe parce ma mère a dit qu'elle lui plaisait beaucoup, je pense que ça t'ira bien du coup... ».

Vous pouvez bien sûr continuer la liste, allez-y, ça soulage (et puis, s'il lit, ça peut peut-être lui servir de leçon et faire mouche…. Bah quoi, on peut toujours espérer ☺).

– ……………………………………………………

– ……………………………………………………

– ……………………………………………………

– ……………………………………………………

– ……………………………………………………

– ……………………………………………………

– ……………………………………………………

– ……………………………………………………

– ……………………………………………………

– ……………………………………………………

– ……………………………………………………

Tuyaux de copines pour parvenir à ses fins

en matière de cadeaux (efficacité prouvée)

☞ Inscrire son mec à toutes les newsletters de créateurs ou de marques qui nous intéressent (message subliminal).

☞ Hurler en pleine nuit le cadeau qu'on veut, s'assurer qu'il ait bien entendu, puis faire mine de dormir profondément, du style on rêvait fort à ce beau cadeau que notre amoureux nous a offert ! (Espérer qu'il ne se rendorme pas en oubliant tout, le bougre !)

☞ Faire une liste sur Internet, sur Smartphone ou sur papier, et la laisser traîner bien en vue ou carrément la lui donner : ce n'est plus subliminal du tout, on n'aura pas vraiment la surprise, mais au moins on ne sera pas déçue !! (Enfin, s'il suit la liste, hein !)

☞ METTRE LES COPINES À CONTRIBUTION, mais vraiment, en mode plan d'attaque :

Vous dites à votre meilleure amie les deux cadeaux qui vous font plaisir (pas plus, car pour ce qui est des présents, vous l'aurez constaté, le cerveau de votre homme est limité), elle profite d'un dîner à plusieurs pour le prendre à part et lui transmet le message façon cellule de crise :

« Il faut absolument que tu m'écoutes, tu ne vas peut-être pas comprendre, mais c'est très très TRÈS important. Pour l'anniv de Delphine, c'est soit les boucles d'oreilles de la boutique Machin, soit le livre d'Untel qu'elle veut absolument lire. Tu hésites ? OK, on prend RV et on l'achète ensemble.

Synchronisation des montres et des agendas, ton jour sera le mien, si on a le temps je te montrerai même comment faire un paquet cadeau. Compris ? 5/5 ? OK, go go go go ! » Méthode qui a prouvé son efficacité ☺

> Le mec parfait n'a pas besoin de liste, ni de hurlement en pleine nuit, ni d'être coaché par la BFF. Le mec parfait lit dans les pensées de sa dulcinée, voire il devance ses envies ! Carrément magique ce type, non ?

ALERTE
tue-l'amour !

La « mémérisation » du couple

➜ Quézako ?
La mémérisation du couple, c'est quand un Homme et une Femme deviennent des sortes de binômes, de doubles, finissent par se ressembler... et ne plus ressembler à un couple, pardi ! On dirait des jumeaux, ou des papis-mamies, ce qui n'est pas mieux. (Un peu comme quand on dit qu'un chien ressemble à son maître, vous saisissez l'idée ?)

➜ Alors que fait-on ??
Il faut vite se ressaisir, mon petit, surtout avant de faire des enfants ! On se dé-double, on arrête les surnoms ridicules et on se remet à fond dans

la séduction. Sinon c'est +10 kg chacun et passer sa vie en jogging avec une baisse de libido en prime…

Alerte, on vous dit !

C'est moi qui suis folle, ou... ?

Réflexions d'un niveau supérieur
(normal ça sort d'un cerveau féminin) :

➜ Réponse : **NON** vous n'êtes **PAS** folle !
➜ C'est toujours **LUI** qui... Toujours.

Exemples :

➜ C'est moi qui suis chiante ou bien... ?
NON ! C'est lui qui est trop rigide.

➜ C'est moi qui suis trop exigeante ou bien... ?
NON, c'est lui qui est trop feignant/pas assez ambitieux/trop bordélique/trop laxiste... Bref vous avez compris l'idée, quoi.

➜ C'est moi qui ai une libido ramollo ou bien… ?
NON, c'est lui qui est un obsédé, voyons.

➜ C'est moi qui suis nymphomane ou bien… ?
NON, c'est lui qui a la libido d'un panda, voyons !

➜ C'est moi qui suis super maniaque ou bien… ?
NON, c'est lui qui est un petit cochon !

➜ C'est moi qui explique mal ou bien… ?
NON, c'est lui qui n'écoute pas !

Note de l'auteur :
il est utile de rappeler ici que le principal problème des hommes reste la mauvaise foi.

La malédiction...
... des deux univers

Il existe une théorie, largement partagée dans le monde, selon laquelle les hommes viendraient de Mars et les femmes de Vénus... Allégorie, symbole, pour expliquer pourquoi nous ne nous comprenons jamais ! (En tout cas, friture sur la ligne de la communication parfaite et idéalisée de nos rêves !)

En réalité, il faut avouer que nous venons carrément de deux **GALAXIES** différentes !
Tant nos attentes ne sont pas en adéquation **DU TOUT** avec leurs réalités, leurs propositions, et tant ils sont parfois à côté de la plaque !
Il fallait rétablir cette vérité, absolument.

ALERTE
tue-l'amour !

Couper ses ongles

… de pied dans le salon !

Pitié, qu'il fasse ça dans la salle de bains et évite d'égrainer des morceaux partout, c'est dégoûtant et c'est pas beau à voir !

Le mec parfait ?
Ses ongles ne poussent pas, voyons !

Citation de mec

À MÉDITER

(dans la catégorie :
« Ses meilleures blagues »)

« Laisse, je VAIS le faire. »
(On attend encore... !)

Version originale sous-titrée

Il dit :

« T'as pas vu ma chemise bleue, celle avec les poignets mousquetaires ? »

Ça signifie :

« Quoi !? T'as pas lavé ma chemise bleue, celle avec les poignets mousquetaires !? »

Ce qu'elle comprend :

« Ma mère, mon ex, toutes les autres femmes de ma vie n'auraient jamais laissé cela arriver ! »

Mystère masculin (élucidé !)

Un jour, ça lui prend comme ça, l'Homme se lève et passe la journée à tout faire briller dans la maison, du sol au plafond, limite s'il ne désinfecte pas l'intérieur du frigo à la Javel !
Et le voilà parti faire « quelques courses »...
Mystère, interrogation de notre côté ! On se demande si on n'a pas oublié notre anniversaire, la date de notre rencontre, quelque chose d'important à fêter... ???
EH NON !!!!!!
Il s'est donné tant de mal, et de bonne grâce s'il vous plaît, pour **SES POTES QUI VIENNENT À LA MAISON !!!!** ou pire : **SA MÈRE !!!!**
Pas du tout vexant, pas du tout rageant...
(Et nous, on fait la tronche mais il ne voit vraiment pas pourquoi !)

Chez le mec parfait, tout brille naturellement, Monsieur aide Madame ou bien ils ont des employés de maison, c'est tellement plus facile la vie comme ça ! Flûte alors, on n'y avait pas pensé avant !

ATTENTION DOSSIER

LA SOIRÉE FOOT

(ou rugby, Formule 1, basket, tennis, cyclisme...)

On peut aimer le sport nous aussi, mais pourquoi notre homme se transforme-t-il en Mr Hyde dès qu'il y a un ballon, ou une balle ou un pneu dans l'histoire ? Hein ??!!!

Comment ça se passe ?

Témoignage de notre testeuse anonyme :

☞ *« Je dé-tes-te les soirées foot !!! C'est littéralement épuisant, ce bruit de fond de match, je pourrais casser notre télé ! »*

- ☞ *« Mon mec regarde le foot à la télé, TOUT le foot, même les équipes qu'il ne supporte pas. Sans compter les émissions d'analyse et de décryptage de foot ! (mon conseil aux autres femmes : éviter à tout prix l'abonnement à Bein sport). »*
- ☞ *« Aaah, les soirées foot ! Toute une histoire ! Seul ou avec les potes, ça rigole, ça fume et ça mange ! Et ça en met partout !!! Et si leur équipe favorite perd le match, grosse déprime ensuite… »*
- ☞ *« Heureusement, j'échappe au foot, mais j'ai droit à la Formule 1 un dimanche sur deux, de mars à septembre ! Atroce ! Il reste scotché et on ne fait plus rien en sa compagnie. »*
- ☞ *« Pour moi, les soirées basket commencent toujours à 22 h 30…, heure à laquelle il me dit souvent : tu n'as pas sommeil ??? En deux mots, il me vire de mon canapé alors que je regardais tranquillement* L'amour est dans le pré *!! »*

- ☞ *« Si c'est du rugby, ses potes squattent chez moi, c'est l'enfer, ça gueule tellement que je préfère partir retrouver une copine ! »*
- ☞ *« Soit : c'est chez toi et tu fais la gueule car on te calcule pas sauf pour te demander le décapsuleur (en plus t'abuses, t'as fait les courses, ça prend trop de place dans le frigo, putain on sait plus où mettre les bières !!!!). Soit : il sort chez des potes ou dans un bar, et là il rentre à pas d'heure et te réveille en te parlant du match dont tu n'as rien à f… et en plus il te re-réveille la nuit car la bière, comme chacun sait, est diurétique et donc il se lève 4 fois pour pisser !!! »*
- ☞ *« Je déteste le foot mais encore plus les émissions d'après matchs pour débriefer ! C'est pire que les "after" de télé-réalité, insupportable, vide, creux… »*
- ☞ *« Avant, mon mec portait des maillots de foot, surtout pour regarder le foot à la télé (n'importe quoi !!). Aujourd'hui, c'est interdiction totale sauf au sport. Maillots de foot bannis même en loungewear à la maison. »*

Tuyaux de copines pour échapper aux soirées foot

Vous avez deux possibilités :

1/ Soit vous laissez votre Homme inviter ses potes et vous allez dans votre lit, avec DVD et chocolat sous la couette (mais vous les entendez quand même beugler devant la TV...).

2/ Soit vous en profitez pour vous faire une sortie entre copines :)

3e choix : devenir encore plus excitée que lui devant l'écran et inviter 10 copines qui ont une voix bien stridente quand elles crient « goaaaaal ! » ☺

On en parle ou pas ?

***POURQUOI** l'homme est-il comparable à un enfant de 2 ans rebelle ?*

(= en pleine crise d'opposition)

➜ Égocentrique, capricieux, incapable de gérer ses émotions, on dirait que l'homme est un petit enfant de deux ans en pleine crise d'opposition. Pourquoi ?

➜ Il passe son temps à ne rien dire sur lui (refus de ses émotions ou débordé par elles ?)

➜ Il veut se « vider la tête » avec des jeux débiles ou des films débiles.

➜ Quand on leur parle d'un livre : ils ne le lisent pas (remarquez qu'ils ne font pas même semblant ! ils s'en foutent et pis c'est tout).

➜ Quand on leur parle d'un film : ils ne le regardent pas (au pire, ils restent à côté de nous en jouant sur Candy Crush ou autre lapin crétin lancé ou village attaqué par je ne sais qui... super ! Au moins, qu'il nous masse les pieds, merde !).

➜ Quand on leur demande de faire un truc : ils ne le font pas (genre poster une facture, descendre les poubelles, reboucher le tube de dentifrice ou passer un coup d'éponge sur la table...).

➜ Quand on leur raconte notre journée : au lieu d'écouter, ils veulent trouver des solutions (pour qu'on arrête de se plaindre sans doute) !

➜ Et quand on leur a rien demandé, ils font des conneries (genre jeter le papier super important qui était aimanté sur le frigo depuis 3 mois, mais on allait s'en occuper).

= QUE DE L'OPPOSITION, DE L'OPPOSITION, DE L'OPPOSITION !!!!

En revanche, si on propose une soirée coquine, je suis sûre qu'ils feront tout ce qu'on leur demande !!! L'Homme est étrange parfois...

Version originale sous-titrée

Il dit :

« On a des trucs de prévus, ce week-end ? »

Ça signifie :

« Je glandouillerais bien, moi, ce WE. »

Ce qu'elle comprend :

« Ça te dirait, un dîner en amoureux ce WE ? »

WTF
(*What the fuck ?!*)

Pourquoi il n'essuie pas la vaisselle ?

Oui, pourquoi ? Avant de la ranger dans les placards ! Oui, ça arrive, le lave-vaisselle fait ressortir comme par magie de la vaisselle encore humide.

Truc de fou, il existe un morceau de tissu appelé « chiffon » ou « torchon », hop un petit coup dessus et c'est sec on peut ranger ! Magique, on vous dit.

Ça évite :

✓ d'avoir du moisi dans les placards

✓ de mettre de l'eau partout sur le sol de la cuisine et de patauger dedans

✓ d'avoir des torchons à dispo pour rien...

On a dit magique !

Quel genre de mec avez-vous ?

Le mec parfait, le mec chiant ou le mec normal ? Faites vite notre test !

1/ Pour votre premier rendez-vous, il a été :

a. galant au possible, charmant, drôle

b. macho, séducteur, grossier

c. je ne m'en souviens plus trop, mais ça a été je crois (j'étais saoûle)

2/ Il était habillé :

a. cool mais stylé, élégant ou distingué... la classe, quoi !

b. en jogging ou en jean crado

c. je me souviens plus, on n'a pas gardé longtemps nos habits (eh oui, j'étais saoûle, j'ai dit)

3/ La première nuit ensemble, c'était :

a. un véritable feu d'artifice et c'est chaque nuit comme ça !

b. pas terrible, et ça ne s'est pas amélioré

c. les fois suivantes étaient dix fois mieux

4/ Vous avez emménagé ensemble parce que :

a. il vous a fait une demande d'emménagement avec la clé de chez lui dans un écrin

b. ça vous revenait moins cher que de payer deux apparts

c. ça s'est fait naturellement

5/ Quand vous rentrez plus tard que lui du travail :

a. il a préparé le dîner, vous n'avez plus qu'à mettre les pieds sous la table (en plus, c'est un délice !)

b. il en a profité pour aller boire un verre avec un pote

c. vous le trouvez avachi sur le canapé en train de manger des chips

6/ Le panier de linge déborde, il vous dit :

a. opération commando, bébé, je file à la laverie !

b. ma mère n'aurait jamais laissé ça se produire !

c. t'inquiète, il me reste un caleçon et une paire de chaussettes propres

7/ Votre meilleure amie débarque à l'improviste :

a. il vous prépare des Spritz à tomber par terre et vous laisse papoter tranquilles

b. ça le contrarie, il part bouder dans la chambre

c. il vous dit que c'est l'occasion de faire un truc à trois !

8/ Lorsqu'il vous a présentée à ses parents, il a dit :

a. voici la femme de ma vie

b. je vous présente Sonia, euh, Sabrina...

c. je pense que cette fois, c'est la bonne

9/ Lors d'une soirée, un de ses amis vous manque de respect :

a. il lui intime l'ordre de vous demander pardon

b. il éclate d'un rire approbateur

c. il vous regarde et attend votre réaction, inquiet...

10/ Vous faites brûler le dîner :

a. il a repéré un nouveau traiteur libanais et les appelle pour commander

b. il appelle sa mère et s'invite à dîner, sans vous !

c. il mange quand même votre plat, le gaspillage lui déplaît trop

Vous avez obtenu un maximum de réponses a (sans tricher) ? Votre mec est parfait ! Vous avez gagné le jackpot, félicitations ! En revanche, sachez que toutes vos copines vous jalousent, alors méfiance ! Soyez sympa avec elles : offrez-leur ce livre, elles en ont davantage besoin que vous !

Vous avez obtenu un maximum de réponses b ? Votre mec est chiant à tendance insupportable ! Pas de bol ! Si vous l'aimez vraiment (il doit bien avoir quelques qualités, non ?) alors gardez-le. Sinon, même conseil que pour la réponse a : offrez-le à une copine qui en a davantage besoin que vous !

Vous avez obtenu un maximum de réponses c ? Bravo, vous êtes normale puisque votre mec aussi ! Yeahhhh, ça se fête ! Une petite engueulade sur le bordel à la maison, les courses pas faites et le foot ? Et puis, zou, au lit pour rabibocher tout ça !!

Le dimanche « bricolage »

Ça lui prend comme une envie de pisser, il faut absolument faire aujourd'hui, là, tout de suite, ce truc qui attend depuis des mois… Alors il y va, il nous laisse en rade peu importe ce que l'on avait prévu… et file au royaume du bricolage, où il passe des heures entre les vis et les écrous.

Et là, 2 options :

➜ Soit il revient tout content de ses achats, et après il hurle sur tout ce qui bouge et fait la gueule jusqu'à 22 h parce qu'il s'est planté (dans les mesures, dans le matos…) et que ça ne fonctionne pas (ce qu'il n'avouera jamais, bien sûr).

➜ Soit il revient tout content de ses achats, il les pose avec les autres trucs de bricolage (boîte à outils, marteau inutile, etc.) et ça lui suffit. Il estime qu'il a bien travaillé pour aujourd'hui !!!!

Et si vous l'accompagniez ?
Erreur, il ne vous laissera pas demander où est le rayon équerres ni le temps de pose de cette peinture acrylique, non, pas de conseiller à aller chercher, il y va de sa réputation, il va trouver tout seul ! Na ! Borné, on vous dit ! Et vous doublez ainsi votre présence chez MisterBricolette un samedi avec la queue aux caisses non comprise...

Du coup, ça doit être pour ça qu'il ne s'y met qu'une fois par an.
C'est trop contrariant/fatigant, le bricolage !

Ah ! on oubliait la 3ᵉ option : il bricole et il adore ça ! Monsieur possède 15 caisses à outils, un établi, un garage nickel...
Si ça se trouve, il s'est juste aménagé ce coin-là pour être peinard quand il joue sur son Smartphone !! ☺

Le mec parfait est tellement le roi du bricolage que sa nana n'est même pas au courant de la moindre réparation dans la maison, tout est nickel tout le temps, arrangé avant d'être cassé, posé avant d'y avoir pensé, et le marteau et les clous sont tellement bien cachés qu'on n'en parle jamais...

C'est magique !
On vous disait bien que ce n'est pas réel !

ATTENTION DOSSIER

LES POTES

Les conversations téléphoniques entre mecs
Elles restent une énigme pour beaucoup de femmes. 2 minutes maximum : « Allô ? oui, oui, non, pas vraiment ! Ah ouais, t'as vu... allez salut. » Après, quand vous demandez poliment « Alors, quelles nouvelles ? » il vous répond « Oh, rien de neuf ». On ne saura donc jamais ce qu'ils se disent !!!

Le pote boulet que notre homme se traîne depuis qu'on le connaît, depuis toujours d'ailleurs... qui est dépendant affectif visiblement, et qui aime par-dessus tout squatter notre canapé alors que c'est notre semaine la plus hard au bureau, qu'on a des réunions et des propales à faire dans tous les sens... bref, le boulet, quoi !!! Mais l'Homme ne trouve rien à y redire, c'est son pote, c'est normal, il ne se pose aucune question !!! (Syndrome du zéro recul.)

Autre illustration : **le meilleur pote célibataire** qui s'incruste dans les soirées romantiques au début d'une relation. Genre « Je suis tout seul pour la Saint-Valentin, je déprime car la femme de ma vie m'a quitté » (normal, on a envie de lui répondre, t'es un boulet !), mais notre Homme gentiment qui l'invite : « Bah, viens chez nous ! On va se faire une petite bouffe sympa tous les trois, de toute façon on trouve ça débile, cette fête commerciale !! »
On a juste envie de le buter (la question est : notre Homme ou son pote boulet ?!).

Le mec parfait a un meilleur pote parfait, bien sûr ! pas du tout intrusif, au contraire il est gentil, attentionné, nous apporte toujours des fleurs et nous aide en cuisine !

Mystère masculin (presque élucidé !)

Les enterrements de vie de garçon

On n'a qu'une seule question, et elle est simple. Si vous y répondez, les gars, il ne vous sera fait aucun mal.

➜ VOUS Y FAITES QUOI ????? ⬅

On sait qu'on n'obtiendra aucune réponse mais bon, on continue de demander, on ne sait jamais ! (En espérant que la vérité soit loin de *Very Bad Trip* !!!)

Allez, avouez : vous n'y faites pas grand-chose en fait, hein ? Ça boit et ça papote et puis c'est tout ?

Le sydrome…
… du chef étoilé

La femme, à cause de ses hormones sans doute, se sent obligée de « nourrir » son homme et ses petits, chaque soir à la même heure, et tant pis si ce soir c'est raviolis, elle culpabilisera (ou pas), mais au moins chacun aura le ventre plein !
L'homme cuisine pour le plaisir, quand ça lui chante, par exemple quand des copains viennent, et ne comprend pas « ce qu'il y a de compliqué » dans le fait de préparer le dîner chaque jour… Il paraît qu'on est « mal organisée ».
(Au regard de l'état de l'évier rempli de gamelles sales et du plan de travail maculé de sauces et de morceaux de… on ne sait pas trop… on comprend pourquoi il trouve ça simple de cuisiner…
SANS RIEN NETTOYER NI RANGER !)
Voilà voilà…

Le mec parfait cuisine tous les soirs les bonnes courses qu'il a faites au rayon bio et végétarien ! On ne sait même pas comment il fait, mais il parvient à rendre une tranche de tofu goûtue et du lait de soja plus alléchant qu'une téquila. Il est vraiment trop fort !!!

On en parle ou pas ?

Des trucs chelous que l'Homme fait parfois avec sa virilité pour nous « impressionner »

(enfin, on suppose que c'est le but)

L'idée saugrenue vient peut-être des films X, en tout cas cette « phase » apparaît au moment des préliminaires et paraît très très étrange à la gent féminine ! (Enfin, est-ce que nous on secoue notre poitrine en hurlant « t'as vu ça, hein mon beau, c'est tout pour toi !! » ?)

Ça peut prendre plusieurs formes mais la plus courante, apparemment, c'est « l'hélicoptère » !

Ça peut être aussi un « toc toc toc » contre une porte... façon « t'as vu un peu la chance que t'as, ma grande ? » tout fier de lui, comme un petit garçon qui fait pipi debout pour la première fois !

Deux réactions possibles :
1/ il va se faire mal et on a peur pour lui (en tout cas, c'est pas du tout excitant) ;
2/ on trouve ça juste ridicule et on a envie de rire (et/ou de s'enfuir).

Le mec parfait n'a pas ce genre d'idée, il sait impressionner sa partenaire autrement !

Version originale sous-titrée

Elle dit :
« J'ai la migraine. »

Ça signifie :
« Chéri, prends-moi dans tes bras,
je souffre. »

Il comprend :
« Ce soir, tu dors à l'Hôtel
du cul tourné ! »

C'est quoi, votre excuse ???

L'homme dira : « Mon excuse pour **QUOI** exactement ? »
Et nous : « Eh bien, pour **TOUT**, mon petit gars !!! Les RV manqués, les appels jamais retournés, les SMS itou, et je ne parle pas du manque de partage équitable des tâches ménagères ou des soins aux enfants ! »
Sous couvert d'anonymat, voilà les informations incroyables et confidentielles jusqu'ici, que l'auteur a pu relever pour vous amies lectrices... Attention, ça pique les yeux !

✓ « Tout est de la faute de ma mère, elle m'a élevé comme ça », avec la variante :
✓ « Tout est de la faute de mon père, il m'a élevé comme ça. »

- ✓ « Bah, je vais pas changer quand même ! Tu m'as connu comme ça ! »
- ✓ « Vous nous mettez la pression. »
- ✓ « On veut vous impressionner... mais on est peut-être maladroits. »
- ✓ « Vous êtes trop exigeantes ! »
- ✓ « Vous avez trop d'hormones qui vous rendent dingues. »

➜ Une brillante analyse de toutes ces « excuses » bidon conclura à l'inéluctable vérité : les hommes sont de mauvaise foi (et nous les femmes, avons toujours raison).

Mystère masculin (presque élucidé !)

Langage SMS

L'énigme du « pourquoi il me répond pas » enfin résolue.

Deux choses à savoir :

1/ Si vous ne posez pas de question, il ne répondra pas.

2/ Au pire, si question il y a, il répondra par un simple (et peu courtois, c'est vrai) « OK » (qui correspond vaguement au « Vu » de notre institutrice de CM2).

Comme il y avait une question, on n'a pas compris si la réponse était oui ou non !

➜ Mieux vaut demander les choses en face à face !

Le mec parfait envoie plein de SMS à sa dulcinée sans qu'elle ait formulé de questions…

Des petites pensées romantiques, des petits clins d'œil humoristiques, tout parfait, quoi !

(On en reparlera après deux jours et une centaine de SMS niais reçus, ça fatigue très vite en fait, ce genre de correspondance, ouais le mec parfait est lourd, finalement !)

C'est quoi, son délire avec...

?

... les courses ?

Avec ou sans liste : il revient toujours avec la moitié des trucs, et le reste à côté de la plaque. Il y a toujours un « problème d'approvisionnement du supermarché », bizarre, quand nous on y va, on trouve tout ! Ou alors, il n'avait pas compris : on voulait des petits pois et pas des flageolets ? Ben c'est la même chose ! On voulait du gel douche et pas du shampoing ? Ben c'est la même chose ! « Qu'est-ce que tu peux être difficile ! »

Et hop, on n'a pas ce qu'il faut et en plus on se fait critiquer...

Une fois sur deux, courses mono ciblées = bière, chips, céréales, pâtes, bière, chips, céréales, pâtes... Mais il ne voit pas où est le problème !

Et si vous y allez ensemble ?

➜ Soit il remplit le chariot en cachette (oui, on vous l'a déjà dit, l'homme est immature) de pizzas sous vide et de bonbons.

➜ Soit, il dit « oui oui » sans regarder le paquet de yaourts que vous lui montrez, car il préfère jouer sur son portable, ou regarder Facebook plutôt que de participer, avachi sur le Caddie...

➜ Bref, vous finissez par vous disputer (ou dans le rayon produits laitiers ou à la caisse en découvrant les 5 napolitaines planquées sous la salade) et tout le monde vous regarde... la honte !

Du coup, on préfère les faire nous-mêmes !! (On pense que c'est une technique de l'homme pour ne plus les faire... Ceci dit, c'est plutôt malin si c'est une stratégie.)

Le mec parfait remplit son Caddie de manière variée, il demande à sa chérie quelle crème de jour elle prend déjà et a glissé sa tablette de chocolat préférée, l'air de rien, entre les tomates et l'essuie-tout, pour lui faire une petite surprise au retour...

Il n'est vraiment pas clair, ce mec, il ne se lâche jamais, même au rayon pâtes à tartiner ??? (Bah non, voyons, elle contient de l'huile de palme !!!)

Citation de mec

À MÉDITER

(dans la catégorie :
« Ses meilleures blagues »)

« Arrête de me demander tous les jours quand je vais descendre les poubelles ! Je t'ai dit dimanche dernier que j'allais le faire tout à l'heure ! »

ATTENTION DOSSIER

LES POUBELLES

Un peu comme le rouleau de papier toilette, c'est la guerre des nerfs pour savoir qui ira jeter le sacs-poubelle pleins (surtout si vous habitez au 6e étage sans ascenseur et qu'il faut traverser la cour de l'immeuble) !

Parfois, il nous arrive même de le laisser contre la porte d'entrée du style : « Oh, t'as oublié un truc hier soir, je te le laisse bien en évidence pour demain matin ! Comme tu pars avant moi au boulot... »

Sauf que Monsieur est en retard, il va rater son train ! Ou tout simplement ne percute même pas, il pousse le sac du pied et ouvre et referme la porte. Paf !

Et du coup, qui est-ce qui se tape le sac-poubelle et le sac de tri des cartons d'emballage en plus de la poussette ??

(Sans parler des bouteilles en verre à jeter bruyamment dans le bac spécial, qui nous fait invariablement nous sentir honteuse genre « Non, non, non, c'est pas moi qui ai bu tout ça ! et y'a des bouteilles d'eau dedans vous savez ! ».)

Le mec parfait ne voit pas où est le problème :
1/ jeter les poubelles, c'est convivial, on peut croiser des voisins au local à ordures et papoter (mais bien sûr ! l'odeur ne gêne pas)
2/ trier ses déchets, c'est le minimum qu'on puisse faire, on doit sauver la planète et être responsable...

Alors OK, vous devez brancher un panneau clignotant au-dessus du sac-poubelle pour votre homme, mais du coup, estimez-vous heureuse de ne pas avoir 4 composts et 5 poubelles de couleurs différentes dans votre cuisine pour le recyclage ultrasélectif de Mr Perfect !...
Car même le mec parfait ne peut pas rendre ça glamour ! Non ! Une poubelle, c'est une poubelle !

Version originale sous-titrée

Il dit :
« J'ai invité JP à venir boire un verre, ça va pas très bien avec Mindy. »

Ça signifie :
« Chérie, la zone canapé, TV + accès au frigo t'est interdite pour la soirée. »

Elle comprend :
« On va critiquer les femmes, faire des blagues salaces, mais tu n'as pas le droit de m'en vouloir, j'aide un pote. »

C'est quoi, son délire avec...

?

... la télécommande ?

Est-ce sa forme phallique qui attire l'Homme ? Un peu comme l'accessoire de Ken (oui, oui, l'ami de Barbie) définit sa fonction (Ken chanteur avec son micro, Ken joueur de base-ball avec sa batte, Ken cuisinier avec sa spatule...).
Notre homme a associé la télécommande, symbole de pouvoir à la maison, la télécommande fait de celui ou celle qui la détient le chef suprême ! L'Homme pense naturellement que c'est lui qui doit endosser ce rôle.
Du coup, disputes les soirs où notre série préférée est diffusée (*Devious maids, Once upon a time*... un truc qui ne lui plaît pas, quoi !)... Et

nous, on en a marre de se taper les séries de morts-vivants qui se ressemblent toutes ou les enquêtes criminelles qu'on a toujours l'impression d'avoir déjà vues !

Trois possibilités :

1/ Vous cédez et vous faites vos ongles en même temps mais « ça pue », d'après Monsieur (je vois vraiment pas pourquoi tu dis ça, dispute en chemin).

2/ Il cède : non je plaisante. Ou alors il a cédé pour obtenir quelque chose de vous, ou bien pour se faire pardonner. S'il cède facilement, cherchez l'embrouille ! Il a quelque chose à se reprocher.

3/ Chacun est sur son écran, au prix où on paye l'abonnement il faut amortir... Alors, sympa la soirée où ça se termine chacun devant son écran avec chacun ses écouteurs !

THE dispute

On se dispute, normal, on est bien dans cette dispute, comme dans des chaussons, ça ronronne, on se sort les mêmes reproches, voilà, on expurge le trop-plein et puis ce sera terminé, on pourra même envisager une réconciliation sur l'oreiller !

Et là, catastrophe, on a parlé un peu vite et il répond à l'une de nos provocations par un « Bah, si t'es pas contente, t'as qu'à partir » ! ou alors c'est nous qui avons devancé le truc genre « Si ça continue, je m'en vais ! »... en tout cas, on voulait pas !!

Pour ne pas perdre la face, on file donc faire notre valise, histoire de gagner un peu de temps et de retrouver nos esprits !!

Du coup, on prend du temps, looooongtemps, tellement de temps qu'on se re-dispute par-dessus, et là, obligée de faire un sac on ne sait comment, on ne sait même pas où aller, puisqu'on n'a pas envie de partir !

➜ 2 solutions pour s'en sortir :

✓ soit notre homme s'en sort bien en nous « empêchant » de partir (et nous dit au passage qu'il faudrait arrêter avec le sketch de la valise !!) ;

✓ soit on fait mine de changer d'avis parce que, après tout, « on est chez nous aussi, hein ! ». (Oui, on s'en sort comme on peut !!!)

Le mec parfait n'aura pas besoin de nous retenir puisqu'on ne se dispute jamais avec un mec parfait.
C'est un peu chiant, d'ailleurs, non ?!

Ses manies qui m'agacent

Témoignages de courageuses anonymes !

☞ *« Les retards le soir genre “J'ai eu une réunion de dernière minute” et il arrive à 20 h après la bataille... »* *(--> Cf. page 245 ☺)*

☞ *« Le : “Je te rejoins tout de suite dans le lit, je regarde juste la fin de l'émission” (en fait, il arrive à 1 h du matin passée et il me réveille en plus !). »*

☞ *« Après l'amour quand il part fumer sa clope (je me sens seule et j'ai froid ! bonjour le romantisme !). »*

- ☞ *« La lunette des toilettes toujours relevée (dégueu). »*

- ☞ *« La vaisselle jamais faite, le lave-vaisselle jamais vidé, la vaisselle propre jamais rangée... »*

- ☞ *« Ses fringues à côté du panier à linge, juste à côté ! »*

Tuyaux de copines : idées de vengeance !

TRUCS INFAILLIBLES POUR LUI COLLER LA HONTE EN PUBLIC

☞ Révéler qu'il a une « marmotte dans le dos » (comprendre une touffe de poils particulièrement inélégante au niveau du bas des reins)

☞ Roter/péter (« Bah quoi ? Ça te dérange pas quand c'est toi pourtant... ! »)

☞ L'appeler par son petit-surnom-ridicule-de-quand-on-est-que-tous-les-deux (poussin, bibou, chaton, nounouille..., un truc bien viril, quoi !!!)

☞ Parler de ses pannes sexuelles (imaginaires ou réelles, peu importe !)

ÇA, MESSIEURS, C'EST INTERDIT !

- Les chaussettes au lit (pour lui bien sûr ! Nous, on est des frileuses et on a toutes une tenue en pilou assortie pas du tout régressive, non non)

- Le tee-shirt en haut et cul nu en bas : pour bouquiner au lit, ça passe, mais s'il doit se relever, ça fait vraiment ridicule (surtout s'il a aussi les chaussettes aux pieds !)

- S'enrouler dans la couette façon endive au jambon. On a déjà dit qu'on était frileuse ! Et puis ça fait vraiment gros égoïste qui a oublié qu'on partageait son lit...

Version originale sous-titrée

Elle dit :
« On fait quelque chose pour
la Saint-Valentin ? »

Ça signifie :
« J'aimais bien la petite bague avec le cœur
que je t'ai montrée la semaine dernière. »

Il comprend :
« Cool, on n'est pas obligés de fêter ça,
une date en moins à retenir. »

Problème (pas complètement résolu)

Pour un mec :

➜ Si tu as un problème, mais que t'as une solution, pourquoi t'en faire ?

➜ Si t'as un problème, et que y'a pas de solution, pourquoi t'en faire ? (Puisque y'a pas de solution ? Logique imparable !)

Au final, dans les deux cas, l'Homme ne s'en fait pas, ou en tout cas il n'en parle pas !!!

Alors que pour nous, les filles, on a **BESOIN** de **PARLER** et d'être **ÉCOUTÉE** ~~bordel~~

➜ on ne veut pas de vos solutions-raccourcis infaisables !!!

➜ « Bah, t'as qu'à leur claquer ta démission », « Ne lui parle plus, à cette conne » et « Dis à ton patron qu'il aille se faire foutre » ne sont pas des solutions. Merci.

➜ Et pitié, arrêtez de nous répondre, quand on vous dit que vos solutions ne sont pas applicables : « Oh, c'est bon, moi je voulais juste t'aider, hein ! »

NON, vous ne vouliez pas « aider ».

Vous vouliez vous débarrasser de cette conversation.

Nuance.

Ce jour-là, j'ai voulu étrangler mon mec parce que…

Pages témoignages de courageuses anonymes !

✓ *« Il a perdu ma fille ! »*

✓ *« Il s'est laissé embrasser (sur la bouche !) par une copine en boîte. »*

✓ *« Il est revenu de vacances avec ses copains avec des préservatifs dans son portefeuille. Malheureusement pour lui, il avait oublié son portefeuille dans mon sac à main ! »*

✓ *« Il est revenu d'un week-end entre copains sans son alliance ! »*

✓ *« Il m'a offert un collier magnifique. Mais quelques semaines plus tard, la douche froide..., je réalise que la créatrice, en fait, c'est son ex !!! »*

✓ *« Il s'est empiffré un menu McDo juste sous mon nez à la maternité pendant que j'avais des contractions et interdiction de manger. »*

✓ *« Il a préféré passer la journée avec son ex (tu comprends, elle va pas bien en ce moment). »*

✓ *« Le jour où je me suis confiée à lui sur un sujet qui me tenait à cœur et qu'il a tout déballé lors d'un repas entre amis en riant. »*

✓ *« Il a dansé avec la fille canon de la soirée alors que, soi-disant, il déteste danser.... »*

✓ *« Il a laissé son frère mettre en ligne une vidéo de notre mariage... le moment où on se dispute parce que je ne voulais pas couper le gâteau ! »*

- ✓ *« Il est rentré d'une soirée complètement bourré à 6 h du matin alors que je l'attendais depuis des heures, morte d'inquiétude... surtout qu'il devait emmener les enfants à la crèche (impossible vu son état d'alcoolémie !!). »*

- ✓ *« Il est parti à un enterrement de vie de garçon alors que je venais d'accoucher du troisième ! »*

- ✓ *« Il m'a imposé la visite de ses potes (que je déteste) alors que je venais d'accoucher de notre premier enfant et que j'étais en plein baby blues (chute d'hormones vertigineuse, je pleurais, j'avais envie de le buter lui et ses potes relous). »*

Tuyaux de copines : idées de vengeance !

- **Facile :** faire la grève du sexe (facile, OK, mais efficace).
- **Fourbe :** lui vernir les ongles pendant son sommeil. Si on a trop de scrupules, vernir uniquement les ongles de pied !
- **Taquin :** effacer « par erreur » ses enregistrements de matchs qu'il comptait regarder en rentrant du boulot, peinard.
- **Douloureux :** lui épiler le torse à la cire en prétendant que « ça ne fait pas mal » !
- **Drôle :** lui tricoter un bonnet avec tous les cheveux et poils qu'il laisse dans le lavabo et la douche (OK, c'est galère mais ça peut faire son petit effet !).

3

ÇA Y EST, ON SE LANCE, ON VEUT UN ENFANT ! Ça y est, on est de jeunes parents !

On a compris, c'est un gros égoïste il ne pense qu'à lui et nous prend pour sa bonne ou sa mère (on préfère encore la bonne)

Quand on veut devenir parents…

Bon, bah ça ne marche pas à tous les coups !
Pas de bol, vous devez passer par la case « vérifications » (c'est-à-dire examens hyper poussés pour Madame, et pour commencer un simple spermogramme pour Monsieur = déjà, on a bien compris que c'était injuste !!!).
Mais alors en plus, si Monsieur refuse de faire le recueil dans un labo (OK, c'est pas glamour et sans doute même un peu humiliant, mais y'a plus grave et plus douloureux dans la vie, naaan ?), alors là il y a de quoi péter un plomb.

Le mec parfait aura bien sûr des spermatozoïdes top qualité ! Il mettra sa femme enceinte le soir où ils auront décidé de faire un enfant et raconteront à tous leurs amis : « C'est fou, notre bébé est arrivé si vite ! » Nous, on aura juste envie de leur coller des baffes. Voilà (faut pas nous chercher).

ÇA, MESSIEURS, C'EST INTERDIT !

- Se moquer de nous parce que juste après l'amour on fait le poirier (Bah quoi ? Ça doit bien aider ses « petites graines » à trouver le chemin de la nôtre, non ?!).

- Refuser de nous accompagner à un RV médical en vue de la conception (gynéco, écho, labo, n'importe quel RV on a dit !).

- En parler si on n'en a pas envie (surtout en public !!!), merci ☺

On en parle ou pas ?

Concevoir

L'Homme a l'impression qu'il perd toute sa virilité quand on lui dit : « C'est maintenant. » Oui, oui, c'est là, maintenant, aujourd'hui, tout de suite, qu'il faut concevoir notre enfant ! **J'OVULE !!!!!!**
Bah dis donc, y'a plus personne, Monsieur ne veut pas être « utilisé » !!!!
On l'entend même dire *« Je ne suis pas qu'une b... je suis un être humain »* !!!!
(Alors que si on avait proposé le truc façon *50 nuances de grey,* on est quasi certaine qu'il aurait dit oui !)
On lui demande un petit service de rien du tout qui ferait plaisir à tout le monde : nous mettre enceinte ! Bon, OK, c'est pas très glamour amené

comme ça… Mais bon, appelons un chat un chat et… bref vous avez compris quoi. Les mecs qui tout à coup se la jouent romantique au moment du tir au but, franchement… !!!!

Le mec parfait a déjà mis enceinte sa nana le premier jour où ils l'ont décidé, vous n'avez pas suivi ??

Du flip de devenir père

Le mec normal flippe de devenir père. Il devient donc chiant et pénible.
C'est la double peine : vous devez gérer vos hormones, vos angoisses, le p'tit qui vous donne des coups de pied dans la vessie, + la panique chronique du papa !...

Le mec parfait aura ça dans le sang...
Waouh, il a hâte ! Il parle au ventre
de sa femme, il lui propose même
des cours d'haptonomie
(le nôtre ne comprend pas ce que c'est),
et parle au futur bébé chaque soir.
Agaçant, quoi.

Témoignage d'une courageuse anonyme

« J'ai quatre enfants. Et chaque fois que je suis enceinte, je ne supporte plus mon mari ! C'est hormonal sans doute, mais vraiment je ne peux plus le sentir (au sens propre comme au figuré). Tout chez lui m'énerve, je passe neuf mois à lui hurler dessus ou à ronger mon frein car à la longue ce n'est pas vivable. Lui a compris le "problème" et à mes deux dernières grossesses il ne réagissait même plus à mes crises. Ça m'énervait encore davantage !! Heureusement, une fois que le bébé est là, tout redevient normal ! »

On en parle ou pas ?

9 mois de grossesse =
9 mois d'embrouille ?

S'il trouve que nos envies sont des caprices, qu'on a pris trop de poids, qu'on ne fait pas assez attention au bébé , qu'il ne veut plus nous toucher car « il a peur de lui faire mal »... Bah, ça rallonge de beaucoup la liste des sujets de disputes !!! Avec beaucoup d'hormones en prime, une femme à fleur de peau, le cocktail est explosif.
Vivement l'accouchement !!

Le mec parfait, lui, est totalement gaga de sa femme enceinte et lui passe tous ses caprices (oui, elle en abuse du coup !). Il comprend les nausées, le poids, tout ça, et il est d'une patience infinie !
Limite malsain, le mec rêverait de porter lui-même l'enfant, quoi...

Le syndrome…
… du kangourou

Ça s'appelle une « couvade » quand l'Homme grossit à vue d'œil pour accompagner sa femme enceinte. En général, tout le monde trouve ça « mignon ».

Ça s'appelle une « bedaine » quand ça perdure et que ça augmente au fil des années passées en couple ! En général, tout le monde pense qu'il doit se mettre au régime et au sport !

Chez le mec parfait : que dalle ! Enfin si, des abdos en béton armé avant, pendant et après la grossesse ! (Il se sert des bébés comme d'haltères.) De quoi vous faire complexer avec votre gros ventre non ? Oui, le mec parfait n'est pas si délicat que ça, non mais !

On en parle ou pas ?

L'accouchement !!!

Moment hyper fort pour un couple... qui peut vite virer à la catastrophe si l'Homme n'assure pas auprès de nous !

Exemples :

✓ il tombe dans les pommes ;

✓ n'est pas là ;

✓ flippe grave ;

✓ est trop détendu ;

✓ mange devant nous ;

✓ s'ennuie (!!) bah oui, c'est long, 25 h de travail hein... surtout quand on n'a rien à faire ;

- ✓ nous prend encore la tête pour le prénom (c'est nous la mère, c'est nous qui aurons le dernier mot ! non mais) ;
- ✓ prétend nous encourager en expliquant que ça ne fait pas si mal !!!!!

Le mec parfait tient la main de sa femme et l'aide à pousser bien sûr ! Il sort carrément le bébé (il ne se contente pas de couper le cordon comme n'importe qui !), il est ému aux larmes mais il a le temps de faire une photo sublime, imprimée en noir et blanc, tout en suggestion et qui trônera dans l'entrée jusqu'à la majorité de l'enfant au moins... Grrrr

La malédiction...
... du retour de la maternité

✓ Pas de bol, on réalise que l'Homme est dur de la feuille : il ne se réveille jamais la nuit !!!

✓ L'Homme veut être certain que son enfant mange correctement... alors si on allaite, il nous harcèle pour savoir « combien il a pris » (bah, on sait pas, en fait !!!)

✓ Tiens, l'Homme aimerait bien faire des câlins... euh, on va attendre un peu, OK ??

Le mec parfait adooooore se lever la nuit pour changer son bébé toutes les deux heures ! Il lui donne des biberons mais s'il pouvait piquer les seins de sa femme pour allaiter son enfant, il le ferait ! En plus, il trouve sa femme « encore plus belle maintenant qu'elle est mère » (alors que nous on a dix kilos de trop et des cernes jusque sous les genoux...)

Le syndrome...
... du « papa maman »

Ça pourrait être le mec parfait, hyper impliqué, mais il en fait troooooooop, le gars !
Et que je te porte le bébé en ventral (ou en écharpe), que je pousse la poussette sinon-je-fais-la-gueule-car-je-me-sens-inutile, que je passe mes dimanches à faire de la purée de carottes pour tout un régiment et que je réponde même aux adultes en faisant des « areuh »...

OK, mais c'est pas sexy, là. Faut arrêter. Tout de suite.

Témoignage d'une courageuse anonyme

Le jour où j'ai découvert que mon mec parfait était en fait un mec comme les autres (comprendre = égoïste)

« Je m'en souviens comme si c'était hier ! C'était un matin, vers 7 heures. La petite avait quelques semaines, il avait repris le boulot. En papa parfait (et mec parfait que je pensais avoir épousé !), il avait cumulé ses vacances et son congé parental. Du coup, c'était super, on venait de passer presque un mois tous les trois ! Idéal pour la jeune maman que j'étais. Mais c'était fini, cette bulle hors du temps, il devait reprendre son rythme de métro-boulot-dodo et je n'avais pas compris du

tout !!! Ses nouvelles priorités, c'était donc lui, son taf et en dernier : nous ! Je vous situe la scène : je suis réveillée par des pleurs (de mon bébé, donc) mais je constate que mon homme "parfait" n'est plus dans le lit. Ouh là là, que se passe-t-il ? La petite hurle de plus en plus, et les cris d'un nouveau-né font vraiment mal au ventre à sa mère ! Je me lève d'un bond, vais voir dans sa chambre : ma pauvre petite était là, seule, perdue dans son lit ! Elle avait faim et sa couche devait être trempée ! Et son papa parfait, que faisait-il pendant ce temps ? Je cours dans la salle de bains et là, je vois Monsieur se raser tranquilou ! "Tu n'as pas entendu la petite pleurer ? Elle hurle depuis un moment on dirait !" et lui de me répondre : "Si si, si, je vais y aller, mais je finis de me raser d'abord." Non mais sans déc, moi qui chaque jour me levais et allais l'allaiter directos sans prendre le temps de faire pipi ni même de boire un verre d'eau... je me suis dis "Bah dis donc, les mecs savent vraiment se préserver, eux !!!". »

Pages Gentilles !!!

C'est sûrement en raison des hormones et puis ça permet de se supporter, sinon à quoi bon fonder une famille !

MAIS ON LES AIME QUAND MÊME :

- ❤ Quand ils prennent leur enfant dans les bras la première fois, tout émus
- ❤ Quand ils nous soutiennent parce que c'est dur d'être une mère
- ❤ Quand on les voit nous regarder devenir mère et être émus (émotion miroir !)
- ❤ Quand ils apprennent des trucs de parents (nettoyer le cordon, changer une couche, le nom des maladies...) et qu'ils sont tout fiers d'eux (et nous aussi !)

- ❤ Quand ils prennent notre défense devant nos parents ou ses parents qui veulent dire comment faire avec l'enfant !
- ❤ Quand on sort tous les deux de la maternité avec l'enfant dans le Maxi-Cosi et lui qui porte le truc le plus précieux du monde
- ❤ Quand on le voit quand même se lever la nuit et donner un bib, et qu'on le surprend à dire des mots d'amour à notre bébé
- ❤ Quand il chante pour le bercer ou lui caresse le front
- ❤ Quand il fait les 100 pas avec le bébé calé sur son avant-bras car il a des coliques du nourrisson !
- ❤ Quand la nuit il prend la voiture et promène bébé car il n'y a que ça qui l'endort !!!
- ❤ Quand il monte le lit, l'armoire et l'étagère commandés sur Internet pour le bébé (même s'il râle)
- ❤ Quand il nous rapporte des serviettes hygiéniques maxi nuit méga plus à la maternité (merci, merci, merci, celles fournies par l'hôpital sont pourries)

- Quand il annule la venue de sa mère parce qu'on est fatiguée (et qu'on n'a pas envie de la voir en étant dans cet état !!)
- Quand il dit « mon fils » ou « ma fille » ou carrément « notre enfant »
- Quand il dit « la mère de mon enfant »

4

QUAND ON EST PARENTS, ET QU'ON FORME UNE FAMILLE, QUOI !

Là, on a bien compris que l'homme n'était pas parfait du tout mais si on le garde, c'est qu'on l'aime, il doit bien avoir d'autres qualités comme... euh...

Conseils de copines pour ne pas faire fuir un homme !

(plus ou moins applicables)

✓ Rester féminine et sexy : même à la maison, s'habiller joliment et pas en jogging troué.

✓ Faire des petites soirées câlines, romantiques...

✓ Se prendre du temps à 2 et pas à 3 ou 4 avec les enfants (pas facile !!!!).

Mystère masculin (presque élucidé !)

La machine à laver perso

Il fait tourner une lessive... il n'y met que son linge. Nous, les gosses, tout ça... On n'a pas besoin. Bien sûr.

1/ **Version compréhensive :** il est vraiment très limité...

2/ **Version ras-le-bol :** quel sale égoïste !

Ses manies qui m'agacent

spécial trucs chelous

☞ Passer un coup d'éponge dès qu'il se lève de table pour aller chercher de l'eau, alors qu'après lui dans la salle de bains c'est le déluge (problème de rationalité).

☞ Ou sa variante : laisser la cuisine comme un champ de bataille après un dîner mais nous hurler dessus si on salit d'une miette LA voiture, ou si on ose s'y asseoir avec de bottes sales en week-end à la campagne.

☞ Son organisation de la voiture de jour des grands départs en vacances : on n'a toujours pas compris donc on préfère ne pas s'en mêler, on se cantonne à préparer les sacs des enfants et les sandwichs, ça nous va très bien.

Version originale sous-titrée

Elle dit :

« Tu trouves pas que j'ai grossi ? »

Ça signifie :

« Que tu dises oui ou non, ça n'ira pas, alors trouve autre chose mais te rate pas. »

Il comprend :

« Danger, danger, danger, danger... »

C'est quoi, son délire avec...

?

... son taf ?

C'est fou ça, on dirait qu'il est le seul à travailler ! Quand il rentre le soir, il se plaint et se plaint encore et se met à nous expliquer en détail sa conversation avec le responsable Machintruc du service Bidulle.
On ne comprend rien et surtout pendant qu'il est avachi sur le fauteuil à blablater en mode héros qui a survécu, nous, on s'active !

Et si on lui dit : « Tu pourrais m'aider ? » sans s'en rendre compte, il nous répond en mode automatique qu'il est crevé, qu'il a eu une dure journée, qu'on ne comprend pas.

Non, vraiment ? Les dures journées, on comprend aussi parce que c'est dingue, mais nous aussi on travaille ! Et la 2e journée de boulot...

ben elle commence après 19 h à la maison !

Et si le week-end on tente une sieste, il nous demande si on est fâchée ou déprimée. Ben non, juste fatiguée, oui, parce que nous aussi on travaille ! **Allô ?**

> Le mec parfait ne parle jamais de son boulot et fait un massage des pieds à sa chérie dès qu'elle rentre en lui demandant comment elle fait pour assurer autant...
> Jalouse ?

Témoignage d'une courageuse anonyme

« Le pire défaut de mon mec ? Il est égoïste !! D'après lui, il n'y a que lui qui travaille, qui a besoin de calme et de se reposer le week-end ! Moi visiblement, mon taf, c'est de m'occuper des enfants (mais bien sûr ! pourtant j'ai un boulot comme lui !).
Donc évidemment, c'est normal qu'il aille boire des verres avec ses potes, il a besoin de se changer les idées et de parler business... Alors que moi, si je sors 2 fois dans le mois, je suis cataloguée comme alcoolique ! (et j'abandonne mon foyer !!!). »

Mystère masculin (presque élucidé !)

Sa conception du coup de fil quand il est en déplacement

Il appelle mais seulement durant 2 minutes 30 (il nous a pris pour sa pause clope ou quoi ?!). Et les enfants sont en plein milieu d'une phrase ou d'une comptine qu'il nous rabat le caquet d'un « Bon ben moi je vous laisse j'ai du boulot ! » (oui parce que nous, on enfile des perles !) ou « Les autres partent dîner, je les rejoins » et on reste comme une idiote avec les gosses qui finissent leur phrase à leur père devant le téléphone…

Oh mince, ça a coupé !

Alors que nous, quand on est en déplacement, si on appelle, c'est tout le contraire :
On veut vraiment parler à nos enfants, savoir comment ils vont, ou dire du mal de nos collègues. C'est selon.

Le mec parfait fera des Skype
ou des FaceTime avec ses enfants matin,
midi et soir voyons ! Bah bien sûr !!
(On aimerait savoir dans quoi il bosse !!!)

Témoignage d'une courageuse anonyme

« Mon mec est mille fois trop zen par rapport à moi, ça m'exaspère ! (enfin, par "zen", j'entends laxiste et je-m'en-foutiste bien entendu).
Il ne voit pas où est le problème si à 19 h 29 le repas n'est pas encore prêt !! Loulou, 2 ans, est en train de crier famiiiine, mais il ne voit toujours pas quel est le souci (???).
Et si Choupinou, 8 ans, n'a plus que des pantalons taille 6 ans... et alors ?????
Je me demande s'il fait exprès car il sait que je vais m'en charger au final, ou s'il est vraiment comme ça dans le fond ! »

Mais pourquoi...

... l'Homme ne prend-il jamais de jours « enfant malade » ??

Le petit dernier est malade ! Il s'est réveillé avec un bon 39 °C de fièvre...
« Ah non, c'est pas possible ! » répond Chéri... Euh, pas possible de quoi ? Qu'il soit malade ? NOOOOON pas possible que môssieur prenne sa journée car môssieur a toujours des tas de choses plus importantes à faire que nous, c'est bien connu !

C'est quoi, son délire avec...

?

... la valise ?

Dès qu'il faut partir en week-end, en voyage ou en vacances, il y a l'épreuve de la valise.
Et sa conception du « faire les bagages » est assez énigmatique...

Si tout rentre :

- ➜ c'est qu'il a oublié tous ses sous-vêtements, maillots de bains compris (pour des vacances à la plage, c'est dommage » ;
- ➜ c'est qu'il a oublié qu'on avait des enfants et qu'il manque donc... leurs affaires !

S'il n'a toujours pas fini de préparer ses affaires alors que vous avez eu le temps de ranger toute la maison et de choisir quels pyjamas et doudous prendre pour les petits :

➜ c'est que ça le soûle tellement qu'il est sur sa tablette aux toilettes depuis 2 heures, sans vous le dire ;

➜ c'est qu'il hésite entre deux paires de chaussettes (hum hum... choix très délicat en effet et lourd de conséquences pour une semaine... chez ses parents) ;

➜ c'est qu'il regarde la carte depuis 5 heures dans le canap' « Attends, les GPS je fais pas confiance, je regarde le trajet, c'est le plus important ! ».

S'il a fini avant vous :

➜ c'est que si vous ouvrez la valise vous allez découvrir pêle-mêle : tous les tee-shirts en boule, les chaussures collées aux caleçons sans être emballées, la brosse à dents qui se balade, plein de chargeurs et de batteries de secours..., mais pas de trousse de toilette ni de shorts de rechange...

- c'est qu'il a juste préparé l'ordinateur portable dans sa sacoche ;
- c'est qu'il a cru que lui faisait les sandwichs et vous les valises (comment ça, c'est pas équilibré ? Mais il a prévu des cornichons dans les sandwichs, eh !).

Le mec parfait a fait une liste de tout ce qu'il fallait emporter, il coche au fur à mesure, et met ses affaires bien pliées dans une valise qui ferme facilement.
Il a même pensé à la crème solaire et au sac-poubelle, au cas où...
Ah, ça fait rêver, hein ? Mais pour la spontanéité, on repassera...

WTF
(*What the fuck ?!*)

À quelle heure il va rentrer ?

Ils ne peuvent pas nous le dire ?
C'est un secret ?

Juste histoire de pas nous laisser cramer la bouffe, les petits qui trépignent, tout ça, quoi... Tu dis l'heure, tu rentres à l'heure dite. C'est simple. On y arrive bien, nous !

Ses manies qui m'agacent

Témoignages de courageuses anonymes

☞ *« Son addiction au : téléphone/ordi/tablette. Les jeux vidéo, c'est pas mieux surtout quand il joue en réseau ! (ça ne finit jamais). »*

☞ *« Quand il éternue, il fait un bruit monstrueux, ça m'insupporte. »*

☞ *« Il passe des heures aux toilettes, j'en ai marre de faire la queue, on dirait que chez moi c'est une boîte de nuit ! »*

☞ *« Il ne met pas directement dans la machine à laver son linge de sport qui pourtant pue la transpi à 10 km ! Je suis obligée de mettre son sac sur le balcon tellement l'odeur est insupportable ! »*

☞ *« Il s'endort devant la télé dès qu'il n'a pas choisi le programme. »*

☞ *« Il veut aller chez sa mère TOUS les dimanches. »*

☞ *« Le jeu vidéo sur son portable : BOOM BEACH. Ne jamais laisser son mec télécharger ce jeu et, de manière générale, tous les jeux qui n'ont pas de fin ! »*

☞ *« Ce qui m'horripile le plus, c'est sa manie de conserver toutes les boîtes en carton et emballages de nos équipements électroménagers, nos téléphones, etc. Ça pourrait remplir une pièce entière, c'est un truc de fou ! »*

La question qui fâche

Comment faire l'amour quand on a des enfants ?

Quand on est parents, on a peu de temps à nous pour se retrouver dans l'intimité (comprenez = sexe). On est toujours harcelés, il y en a toujours un pour se relever la nuit en cas de cauchemar, de doudou ou de tétine perdus, de « J'arrive pas à dormir » ou « J'ai envie de faire pipi », quand ce n'est pas déjà trop tard... Merci tous les draps à changer et l'enfant à doucher encore endormi !

Donc l'équation est simple :
sommeil haché = femme épuisée = libido en berne.

Pour les hommes, on n'a pas toujours compris comment fatigue menait à sexe.
Ah ! Si ! On me fait signe : en fait, comme l'Homme entend rarement ses enfants brailler la nuit, il dort donc bien mieux que sa femme.
Évidemment !!!
NB : Dans certains cas, l'Homme travaille énormément et rentre crevé , alors que sa gentille et sexy petite femme l'attend pour des moments sympathiques (nuisette de rigueur et enfants couchés !! Waouhhhh !).
Mais non, il est trop fatigué et préfère « se vider la tête » devant la télé. Ah OK. C'est pas vexant du tout. Du tout, du tout, du tout (vous noterez que la femme prend beaucoup plus mal les refus de sexe que l'homme, qui y est en général davantage exposé).

Le mec parfait est toujours au diapason avec sa femme. C'en est agaçant, là !! Idée : créer une embrouille qui pourra se terminer sur l'oreiller. C'est pas toujours gagné mais ça peut être super si ça marche ! Good luck ☺

WTF
(*What the fuck ?!*)

Mais pourquoi est-il aussi réticent quand on sort ?

Ça, c'était « avant »… les sorties entre copines ! Alors que notre Homme ne voit pas où est le problème pour ses soirées foot et autres soirées potes, nous, on doit avoir quinze justificatifs pour pouvoir aller « s'éclater » au resto avec deux copines ! Et prière de « faire attention », de « pas trop boire », de « rentrer tôt »…
Bref, l'éclate totale, quoi !

Le mec parfait devance les rêves de sa compagne et lui propose de garder les enfants pour qu'elle puisse sortir et s'amuser, penser à elle, quoi ! Sans la culpabiliser une seule seconde d'abandonner sa famille bien sûr ☺

Ses manies qui m'agacent

☞ Laisser inévitablement les tickets de caisse/reçus de carte bleue au fond des sacs de courses, comme ça on se retrouve avec des liasses entières en un rien de temps (= incompréhensible).

☞ Bien ranger les valises dans un placard dédié, limite façon Tétris (ou psychopathe, c'est selon) alors que dans notre penderie il laisse un bordel phénoménal.

ATTENTION (GROS) DOSSIER

SA MÈRE

Donc techniquement c'est notre « belle-mère », hum hum... Il en existe de toutes sortes :

✓ La belle-mère intrusive
✓ La belle-mère amoureuse de son fils
✓ La belle-mère qui rhabille nos enfants
✓ La belle-mère donneuse de leçons
✓ La belle-mère qui préfère une autre belle-fille que vous !
✓ La belle-mère copine (Attention, méfiance !! ça vous éloigne de votre homme, donc de son fils chéri...)
✓ La belle-mère inexistante (la meilleure !!!)

Le mec parfait a une mère parfaite : naaaaan, je déconne, les belles-mères sont toutes des ********

Témoignage de courageuses anonymes

☞ *« Ma belle-mère croit bien sûr tout savoir mieux que moi, notamment concernant son petit-fils : "Il mange trop de fromage, il a trop souvent la sucette, il pleure ??? Il faut le mettre au lit car il doit être fatigué !!" (alors qu'il fait justement un caprice parce qu'il n'a pas eu ni son fromage ni sa sucette !!!). Elle commente tout ce que je fais, c'est insupportable... et mon mec qui ne dit rien ! »*

☞ *« Moi, c'est le contraire, elle passe tout à ses petits-enfants sans aucun recul ni aucune objectivité ("C'est pas grave, ma chérie", "Mais ils sont tellement mignons", "Mais ils sont gentils, c'est rien !"). Elle achète 10 cadeaux par petit-enfant à Noël, alors qu'on lui a dit un seul et qu'on n'a plus de place à la maison... Bref, elle sape notre autorité et va transformer nos enfants en petits tyrans, c'est horrible ! »*

☞ *« La mienne me fait comprendre que j'ai tout faux : je nourris mal son fils et ses petits-enfants, j'en gâte trop un et pas assez l'autre (elle a un chouchou !!), j'ai toujours le sentiment d'être jugée : mauvaise épouse, mauvaise mère... C'est bien simple, dès qu'elle arrive chez nous je compte les heures jusqu'à son départ. »*

☞ *« Ma belle-mère s'est positionnée en rivale vis-à-vis de moi, dès le premier jour ! Sous couvert de compliments (du coup mon mec n'y voit que du feu), elle agit de façon hyper fourbe. Par exemple, elle "emprunte" les cadeaux que j'ai offerts à mon Homme (on la retrouve avec un polo Ralph Lauren ou une jolie montre d'homme au poignet, l'air de rien... !). Pour moi, c'est comme un chien qui marque son territoire ! Je la trouve ridicule mais le pire, c'est que mon mec me prend pour une folle si j'essaie de le lui expliquer ! »*

LES PHRASES FAVORITES DE LA BELLE-MÈRE

(QUE NOUS, ON DÉTESTE !!!)

➜ Ah, noooon, avec MOI ils sont saaaaages !

➜ Ah nooon, avec moi ils mangent de toooouuuuuut !

- Ah nooooon, avec moi ils ne font pas d'histoires pour aller se coucher/se laver les dents/s'habiller... bref ils sont super, quoi !

Alors pourquoi ils reviennent avec des cernes sous les yeux et les cheveux sales ? Hein ? Mamie parfaite ne serait-elle pas un peu mytho, par hasard ?? (Je dis ça, je dis rien.)

- Vous savez, moi, je voulais qu'il épouse Marie-Chantal, la fille de notre voisine...

- La « pièce rapportée », vous venez à table ? (Elle parle de nous ??!!)

- Vous ne repassez pas les tee-shirts, vous ?

- Pas mauvaises, vos lasagnes, enfin, moi, je ne les fais pas autant cuire...

Les PIRES COUPS de sa mère

elle a encore frappé !

✓ On lui laisse nos recommandations pour les enfants... et elle n'en fait qu'à sa tête (coucher à 23 h, bonbons à gogo et sorties sans crème solaire ni chapeau).

✓ Elle vient nous « aider » à la maison, mais se croit au salon de thé et nous demande de la servir en plus de nous occuper des enfants et de l'écouter raconter sa vie !!

✓ Elle prend des initiatives totalement incongrues avec nos kids : les emmène chez le coiffeur ou chez le médecin sans notre accord !

✓ Elle promet aux enfants des cadeaux improbables style château gonflable (alors qu'on n'a même pas de jardin) ou animal de compagnie !!

✓ Elle se plaint qu'on ne lui confie jamais ses petits-enfants, et dès qu'on l'appelle elle nous plante.

✓ Elle gave les gosses comme des oies, résultat on les retrouve avec deux kilos de plus après une semaine seulement !!!

✓ Elle s'isole avec son fils qui a « l'air fatigué en ce moment » et nous fait les gros yeux en disant qu'il « doit se reposer, hein ». (On n'est pas bien sûre de comprendre !!!)

✓ Elle nous harponne dès le mois d'août pour « réserver » notre présence au réveillon de Noël...

✓ Elle rhabille nos enfants dans un style plus que douteux, en sous-entendant à peine qu'ils étaient mal fagotés !

✓ Elle vient vous dépanner à la maison quelques heures, et se prend pour Cendrillon : elle récure la salle de bains, la cuisine, le sol... Sauf qu'elle nous raye la cuisinière avec le grattoir et nique le béton ciré avec le mauvais produit...

✓ Elle emmène les enfants au ciné voir le film qu'on se rêvait d'aller voir avec eux !!! (Coupage d'herbe sous le pied !!)

✓ Elle offre à Noël à notre aîné un Smartphone qu'il réclamait à cor et à cris, mais à qui on avait expliqué qu'il était trop jeune, qu'on verrait ça plus tard...

✓ Elle demande à chaque fois qu'on la voit : « C'est pour quand, le 2e (le 3e ou le 4e), vous n'êtes plus toute jeune, vous savez... »

Les PIRES CADEAUX de la Belle-Doche

Petit bonus ! C'est cadeau !
Façon de parler ☺

Dans la catégorie « Elle nous offre des trucs improbables », voici un florilège de cadeaux reçus de la part de belles-mères (attention, ça pique !!).

☞ une toque en fourrure ridicule (version Marius dans *Les bronzés font du ski !*) qu'elle m'a posée sur la tête donc impossible de sortir sans... la honte totale !!

☞ des gants épluche pommes de terre (je vous assure que ça existe !) ;

☞ une petite serviette rose avec une énorme tête de chat, très laide (je n'ai même pas pu la recycler en serviette d'invités !) ;

- ☞ un tire-bouchon qui fait lampe de poche (elle doit me prendre pour une alcoolique au dernier degré ?!) ;
- ☞ le livre du *Kâma-Sûtra* (je n'y crois toujours pas ! elle a dû confondre avec les yoga-sutras !!!) :
- ☞ un DVD du film *Psychose* ;
- ☞ un stylo à bille avec mon prénom ;
- ☞ une eau de toilette pas classe, de la marque qui a pour emblème des oreilles de lapin, très connotée « sal...pe », je dois avouer que je l'ai assez mal pris ;
- ☞ un album photos... déjà remplis de photos d'elle avec son fils ! (Il y en a même une où j'étais « coupée » !!!) ;
- ☞ de la lingerie achetée sur le marché...
- ☞ une petite vache colorée pour décorer (elle a précisé « quand je l'ai vue, j'ai pensé à toi » !!!) ;
- ☞ une cape en laine à trou-trous de couleur caca d'oie (oui, j'avoue avoir pensé au *Père Noël est une ordure*...) ;
- ☞ un billet de train pour « rentrer chez moi » ;

☞ un briquet géant qui fait aussi lampe de poche ;
☞ une paire de Crocs à fleurs ;
☞ un « sac à sacs » plastique, du temps où on en avait plein gratuitement dans les supermarchés… le même que chez elle. Rouge, énorme et en forme de fraise : tout ce qui manquait à ma déco !
☞ une poupée en porcelaine flippante, qui fait penser à celle du film d'horreur *Annabelle !*
☞ un tableau de sa propre composition, qui ne va pas du tout chez nous et avec son nom écrit en énorme (au cas où je l'oublierais, sans doute !) ;
☞ un ours en peluche pour ranger mon pyjama (je précise que j'ai 35 ans… !) ;
☞ des chaussons en forme de pattes d'ours « comme ça tu n'auras pas froid » !! (anti-sexe, oui !!! merci belle-maman !) ;
☞ un guide des bonnes manières… pour le coup, je l'ai trouvée très très impolie !!!
☞ un bon pour un nettoyage de peau dans un institut de beauté ! (je me suis trouvée chanceuse de pas avoir le bon pour une épilation !!!) ;
☞ un nécessaire de cirage… (?????)

WTF
(*What the fuck ?!*)

C'est quoi, ce blocage avec les réunions parents/profs ?

Bizarre comme ça tombe toujours sur nous, la réunion de rentrée du petit le samedi matin à 8 h 45 ou l'entretien trimestriel le jeudi à 17 h... Déjà, ça nous arrange pas non plus l'horaire, faut pas croire !

Ou alors s'il y va, il n'écoute rien et papote avec les autres pères : un vrai gamin ! Du coup, on doit tout redemander aux mamans de l'école qui elles ont tout noté ☺

Mon mec rentre toujours « après la bataille »

(les mères de plusieurs enfants auront compris l'expression)

C'est grave, docteur ?

1/ S'il a deux heures de trajet retour, c'est normal... dommage ! Pourquoi pas déménager ??

2/ S'il a de grosses responsabilités ou des horaires un peu décalés (voire beaucoup), c'est normal aussi... malheureusement ! Pourquoi pas tenter le télétravail ?

3/ Il n'a aucune excuse, en fait ça l'emmm... de s'occuper des enfants, surtout le soir car il est crevé (nous, pas du tout, bien sûr !!).

➜ **Recadrage nécessaire et recommandé ! Courage !! #SolidaritéFéminine**

Évidemment, le mec parfait partage les tâches plus qu'équitablement avec sa chère et tendre, et ne rechigne jamais à donner le bain/faire à manger/raconter l'histoire du soir/faire le dixième câlin à la petite qui a peur du noir... Bon, c'est vrai, notre Homme le fait aussi parfois (variabilité possible) ! OUF !!

Le syndrome...
... « Chut, papa double »

Papa doit amener sa famille à bon port, c'est sa grande mission.

Papa n'aime pas que maman critique sa conduite. Il n'aime pas non plus qu'on le prévienne d'un danger, « il a déjà vu, merci » (ton agacé du mec qui croit qu'on remet en cause sa virilité).
Papa aimerait être applaudi quand il a amené tout le monde à bonne destination (même si les embouteillages, c'était long, car bien sûr nous autres on faisait un ping-pong pendant ce temps-là... !).

Papa n'aime pas « passer le volant » à Maman, c'est pour lui une sorte d'échec assez terrible (et incompréhensible pour Maman).

Papa ne parle pas trop en conduisant mais il n'aime pas pour autant que Maman s'endorme (va comprendre ! Enfin, si, on a compris qu'on devait être là pour le soutenir !!!).
Il aime bien que Maman soit là pour s'occuper des marmots à l'arrière.
Si jamais il cède le volant (oui, oui « céder » est le bon mot), il ne comprend rien aux demandes desdits marmots. (« Quoi ? la tablette ? de l'eau ? des biscuits ? Hein ? C'est où ? Chut, laissez-moi dormir, Papa est fatigué. » Ronflements.)

Mais il faut bien l'avouer :

toute la famille adore que Papa conduise sur la route des vacances, pendant ce temps on se goinfre de gâteaux qui font des miettes partout (Papa va râler) et on mate des DVD à l'arrière, c'est la fête !!!

Il se moque de nos looks

Oui, oui, Monsieur Je-portais-des-jeans-neige-dans-les-années-80-ou-j'avais-la-raie-au-milieu-quand-on-s'est-rencontrés... Il OSE critiquer nos bottes fourrées hyper confortables (OK, l'allure est discutable mais quand on est mère on cherche le confort et la stabilité, OK ? C'est une question d'instinct maternel en somme).

Le look pyjama du soir ou du matin (quand on rentre, notre soutien-gorge nous serre, on se sent crade à cause des transports, le petit dernier nous a vomi dessus... bref on plonge dans notre pyjama ou notre « tenue d'intérieur » (c'est-à-dire jogging ou leggings + gros pull ou gros gilet pas forcément sexy) et, touche finale... les chaussons-chaussettes ou bottillons (on adore celles à tête de licorne qui nous font retomber en enfance ! En plus, y en a plein sur Instagram, c'est hyper branché en fait !!!).

➜ On ne comprend pas pourquoi notre homme trouve ça moche, anti-sexe, ringard et... on a arrêté de l'écouter de toute façon, on se démaquille, là.

(Il est vrai que ce n'est pas la recette pour garder son mec, mais bon...)

Le mec parfait trouve sa femme sexy dans n'importe quelle tenue (pourvu qu'elle soit nue).

WTF
(What the fuck ?!)

Garder les enfants calmes le soir, c'est possible ?!

Pourquoi les papas énervent les enfants qu'on a mis 2 heures à calmer de l'école ou de la garderie ??

Pourquoi ??? Après, ils ne veulent plus dormir alors que 2 secondes avant ils bâillaient, ils allaient dans les bras de Morphée !! Merde !!!
Et que je te chatouille, que je te mette la musique à fond ; on court partout, on fait des blagues, des tours de magie et des sauts en l'air !

Mais bien sûr, ça finit en cacahuète de n'importe quoi ! et nous on a le rôle du méchant flic qui consiste à rappeler tout le monde à l'ordre avec un « Demain y'a école » ou « Il est tard, c'est l'heure de se coucher ! ».

CHOUETTE.

Le mec parfait raconte des histoires en anglais à ses enfants tous les soirs !

Ça stimule leur intellect en douceur paraît-il ! Il leur fait aussi des spectacles de marionnettes muettes, ça les aide à trouver le sommeil ! (Noooon, il n'a pas besoin de leur donner du sirop anti-toux, enfin !!!)

Problème (pas complètement résolu)

Le dimanche matin

On a assez d'abnégation pour nous lever le week-end à 7 h parce que de toute façon l'enfant nous tire les cheveux pour qu'on lui prépare son lait au chocolat ! Mais après, on en veut à l'Homme parce qu'on est crevée ! (il aurait dû se lever par solidarité !!!). Du coup, il ne pige rien car on l'a laissé dormir. En effet, le message est légèrement brouillé. Soit.

Le mec parfait : il est déjà debout (bah oui, il a fait son footing à 6h !!!) et vous a préparé une montagne de pancakes avec un bon café et tout ça avec le sourire ☺ Oui, on veut le même !!! Le mec parfait fait aussi les courses au marché chaque dimanche matin, et vous ramène au passage fleurs et croissants chauds !!! (Qui ne font pas grossir, on précise bien ! Le mec parfait est décidément trop trop fort !!!)

Avec des si...

Si notre Homme (normal)
était le mec parfait :

✓ Il aurait notre passion des chaussures et nous confectionnerait un dressing sur mesure pour toutes les exposer (bien sûr, il nous en offrirait au moins une paire par semaine, cela va sans dire).

✓ Il nous accompagnerait à nos séances shopping, rien que pour porter nos sacs (et nous faire quelques compliments).

✓ Il nous rappellerait d'appeler nos copines pour sortir entre filles et il serait même pas fâché ni jaloux.

✓ Il s’occuperait tout le temps des enfants, avec des activités de folie !!!

✓ Il lirait des tonnes de bouquins sur la parentalité positive, l’éducation, le bio et la médecine par les plantes.

✓ C’est lui qui s’y collerait pour la crèche parentale.

➜ On est vraiment sûre de vouloir un mec comme ça ????

ÇA, MESSIEURS, C'EST INTERDIT !

- Péter au lit (déjà qu'on est réveillée par les gosses, il va pas s'y mettre non plus).

- Arrêter de nous complimenter ou de nous désirer parce qu'on est une « maman » : non mais ho ! Il a promis, il est o-bli-gé maintenant, sans déconner, il doit nous dire qu'on est belle et nous honorer comme avant (voire plus, mais ça c'est vous qui voyez).

- Nous faire culpabiliser si on ne s'en sort pas avec la maison, les enfants, tout à gérer... fallait nous aider un peu plus !!!

C'est quoi, son délire avec…

… les fringues pour enfants ?

L'Homme habille les bébés de façon assez déconcertante en général… Peut-être a-t-il besoin de repères ?
Car il habille son garçon comme une caricature de gangsta rap et sa fille comme une princesse Disney !!!… euh… le bon goût, il connaît ??

Évidemment, le mec parfait choisit avec goût chaque petit vêtement de la garde-robe de ses kids, sans faire gaga ni superficiel (tour de force !).
En gros, c'est David Beckham avec sa fille Harper au *front row* des défilés de la fashion week, tu vois ??

Ses manies qui m'agacent

Il parle systématiquement quand on ne peut pas l'entendre !

A-t-il un détecteur à non-communication qui lui permet de commencer à poser des questions au moment le moins audible pour nous ?
Vous passez l'aspirateur ? Vous vous séchez les cheveux ? Vous êtes sous la douche ?
Bingo, l'Homme a LA question à vous poser pile poil à ce moment-là !...
Vous avez beau crier « J'entends pas ! J'suis sous la douche ! Je passe l'aspi/je me sèche les cheveux... », il repose sa question et ne se déplace toujours pas !

Bon, comme ça semble urgent et qu'il semble dans l'incapacité de se déplacer, vous laissez tout en plan pour voler à son secours, et là, patatras, il vous sort, nonchalant :
« Oui, je disais, le profil Facebook de Machin, il est pas top ! »
Hein ? tout ça pour ça ?
Du coup, vous décidez de dire « oui, oui », la prochaine fois.
Erreur ! Ce sera LA fois où vous ne serez pas sortie de votre douche qu'il vous aura demandé si sa mère peut s'inviter 4 jours chez vous la semaine prochaine... !!!

Le mec parfait est en mode télépathie avec sa femme...
Mytho oui !

On en parle ou pas ?

Sa notion de « l'éducation » des enfants...

Euh, comment dire ?
En fait, il n'a AUCUNE notion !!!

On lui parle des derniers articles ou bouquins sur l'éducation positive (ce truc qui a l'air génial, mais qui te rend encore plus coupable parce que toi tu cries sur tes gosses alors qu'il faudrait être la « maman calme » imitée par Florence Foresti, tu vois le genre ?), bref, tu lui parles de ça, il acquiesce à 100 % : « Oui chérie, je suis d'accord, on arrête de crier sur les enfants, on arrête de punir, on les va-lo-rise et on est à fond sur la pensée positive ! »

Dans les faits : au bout de deux minutes après son arrivée à la maison, les enfants gesticulent, il hurle, puis l'un renverse son verre d'eau, il lui crie : « Mais c'est pas possible, t'es vraiment maladroit » et l'envoie dans sa chambre. On n'avait pas dit « positif », « pas crier », « valoriser » ?

L'inverse peut se révéler tout aussi catastrophique : « Mais laisse-la dessiner sur le mur, après tout, elle a de l'imagination »... Ah bon ? Pensée positive ne veut pas dire laxisme absolu ! Il serait pas juste un peu feignant, là, le papa cool ?

Bien sûr, c'est le premier à nous dire « Toi aussi t'as merdé » quand on craque au moment du bain parce que les petits se sont tellement arrosés qu'il n'y a même plus assez d'eau pour les laver.

= 1 point partout, balle au centre !

Chez le mec parfait, pas de souci d'éducation ! Ils sont toujours d'accord et c'est bien simple, c'est LUI qui montre à sa chère et tendre les articles qu'il a repérés sur la parentalité positive ou sur les émotions de l'enfant. Les seules fois où le son monte chez eux, c'est quand les enfants hurlent de joie quand papa parfait franchit le seuil de sa maison parfaite !

Grrrr, on a envie de leur crier dessus, tiens !

Des trucs qu'on piquerait bien au papa parfait...(ou pas)

→ **Il connaît le pédiatre**, les profs et les instits de ses enfants (truc de fou il connaît même leurs noms).

→ Il anticipe les **vacances scolaires** en programmant des sorties incroyables (village du Père Noël en Laponie, périple à Tahiti, virée en Australie, au gré de ses déplacements pro bien sûr ! Ça tombe trop bien !! Et puis les petits pourront apprendre à naviguer/parler finnois/pêcher à mains nues... bref les possibilités sont infinies).

→ **Il apprend plein de trucs à ses enfants, par exemple** chaque jour on apprend une capitale européenne sur le trajet en voiture ! et en riant bien sûr ! Ha ha ha, c'est vrai qu'à 8 heures les enfants n'ont pas la tête dans le…

➜ Il développe les activités intellectuelles des enfants : « Chérie, ce soir on regarde un **documentaire sur la fonte des glaces en japonais,** ça va ouvrir l'esprit de nos petits chats curieux de tout ! »

➜ Chez eux, pas de jeux vidéo ni de bagarres sur le canapé, oh là là, tous les soirs c'**est Kapla et chansons polyglottes** à la guitare (manque plus que le feu de camp).

➜ Et le truc **vraiment cool** : le mec parfait emmène son amoureuse en voyage surprise !!! (Il fait garder les enfants par sa mère – trop sympa la belle-mère bien sûr !)

Alors ? Parfait ou pas ??? ☺ ☺ ☺

Notre Homme n'est peut-être pas le mec parfait, mais on craque quand même...

OUF !

- Quand on le voit jouer avec les enfants, on fond...
- Quand il leur apprend des trucs (même aux jeux vidéo !)
- Quand ils chantent ensemble
- Quand il les fait rire
- Quand les enfants le font rire
- Quand il s'occupe d'eux, même de travers, et qu'il a fait de son mieux et que tout le monde est content
- Quand ils s'endorment tous devant un documentaire animalier

C'est quoi, son délire avec...

?

... les blagues bien lourdes ?

On aime son homme, son humour, la plupart du temps ! Parce que parfois ce n'est pas Monsieur Subtilité. Et le rire gras, il aime. OK, entre potes, qu'il se fasse plaisir, mais après la énième blague graveleuse, ou scato ou Carambar au dîner entre amis, au déjeuner de famille, à notre soirée en amoureux... (continuez la liste) on sature !
Les jeux de mots pourris et sexuels après la 10e fois, c'est vraiment moins drôle...

On n'est pas coincée, on aime bien rire, mais il y a des limites !

Affirme-t-il sa virilité de cette manière ? Cherche-t-il notre approbation ? Et surtout, pourquoi ça le fait tant marrer à chaque fois ? Il ne s'en lasse jamais, lui, et rigole sans problème à ses propres blagues.

Rien à faire, juste supporter en haussant les épaules. Ne pas l'encourager, ne pas le frustrer (il en remettra une couche sinon).

Le mec parfait à un humour
parfaitement approprié,
de circonstance...

Ah oui ? Vraiment ?
Il ne se prend jamais au sérieux ?

Citation

À MÉDITER

« Être en couple, c'est régler à deux des problèmes qu'on n'aurait jamais eus tout seul. »

Proverbe lucide...

Et maintenant...

FINISSONS SUR DES NOTES POSITIVES ☺

(au cas où un Homme tombe sur ce livre et le lise... par exemple aux toilettes !!!)

Témoignages d'heureuses anonymes

On ne peut pas se passer de NOTRE HOMME parce que...

❤ *« Il nous chauffe les pieds ! »*

❤ *« C'est notre moitié, c'est la personne sur qui on peut compter, s'appuyer, il nous rassure, il est le père de nos enfants et surtout la personne qui nous connaît le mieux ☺ »*

❤ *« On peut se lâcher sur eux, les critiquer et leur mettre tout sur le dos quand ça ne va pas ! »*

- *« Parce qu'il me fait rire... il a peur d'une araignée mais il est prêt à casser la figure à un mec un peu lourd ! »*

- *« Et j'adore me mettre contre lui pour regarder une série ou un film, juste le sentir contre moi. »*

- *« Parce qu'on les aime. C'est comme ça !!! »*

- *« J'ai rien trouvé d'autre. »*

- *« Parce qu'ils ont un zizi. »*

- *« Ils arrivent à nous supporter !!! même enceintes !! »*

- *« Ils savent monter une étagère et arrivent à porter des trucs lourds. »*

- *« Sans lui, je regarderai* L'amour est dans le pré *toute seule. »*

- *« Il a l'air à côté de la plaque mais au fond, c'est surtout qu'il ne se prend pas au sérieux, et c'est salvateur d'avoir quelqu'un qui dédramatise ! »*

Conclusion : la vérité éclate au fil du temps

« Connais-toi toi-même »,
disait Socrate...

Ils sont relous, chiants, imparfaits, mythos, pénibles, casse-pieds..., mais on les aime, ces Hommes !!!! Heureusement, la vie est bien faite ☺
Notre mec n'est pas parfait (bon, OK, on n'est pas parfaite non plus !), mais on l'aime... On pourrait même dire que c'est POUR CELA qu'on l'aime ! (Ne pas lui répéter !!!)
Car on le garde en toute connaissance de cause.
On l'aime, avec ses imperfections.
Personne n'est parfait, et c'est tant mieux !
Car disputes = réconciliation sur l'oreiller = couple qui marche !
Heureusement que personne n'est parfait, on s'ennuierait trop... ☺

Remerciements

Je tiens ici à remercier toutes mes amies, mes copines, mes voisines, mes cousines, les filles de la famille (tiens, c'est sympa ces rimes !), que j'ai questionnées, écoutées, interrogées, et qui m'ont soutenue, encouragée et aidée dans la rédaction de ce livre.

Donc un grand merci à Sarah Amrouni, Cécile, Auriane, Julie N., Laet_C, Magali, Mélanie D., Béatrice, SB, Lilou, MamanPresqueImparfaite, Caroline, Caroline C., Louise, Sandrine, Sophie, Marie, Amandine, et à toutes celles qui ont préféré rester anonymes afin de préserver leur tranquillité de couple (bien joué, au fait !!) : je vous dis tout simplement...

#MERCI LES FILLES !!!!
#sororité
#coeuraveclesdoigts
#lecoupleparfaitnexistepas
Seul l'amour compte.